PERDÓN IMPOSIBLE

José Antonio Millán

PERDÓN IMPOSIBLE

Guía para una puntuación
más rica y consciente

Primera edición en Editorial Ariel: enero de 2015
Quinta impresión: junio de 2023

© José Antonio Millán, 2005 y 2015

Derechos exclusivos de edición en español:
© 2015 y 2023: Editorial Planeta, S. A.
Avda. Diagonal, 662-664, 08034 Barcelona
Editorial Ariel es un sello editorial de Planeta, S. A.
www.ariel.es

ISBN: 978-84-344-1921-6
Depósito legal: B. 24.909-2014

Impreso en España

El papel utilizado para la impresión de este libro está calificado como
papel ecológico y procede de bosques gestionados de manera sostenible.

No se permite la reproducción total o parcial de este libro, ni su incorporación
a un sistema informático, ni su transmisión en cualquier forma o por cualquier medio,
sea éste electrónico, mecánico, por fotocopia, por grabación u otros métodos,
sin el permiso previo y por escrito del editor. La infracción de los derechos
mencionados puede ser constitutiva de delito contra la propiedad intelectual
(Art. 270 y siguientes del Código Penal).
Diríjase a CEDRO (Centro Español de Derechos Reprográficos) si necesita
fotocopiar o escanear algún fragmento de esta obra.
Puede contactar con CEDRO a través de la web www.conlicencia.com
o por teléfono en el 91 702 19 70 / 93 272 04 47

Y éste, para...: ¡Susana!;
también —¿por qué no?—
para Bruno (y «Luli»).

ÍNDICE

Nota a la nueva edición 9
Prólogo 11

1. La carta asesina 19
2. ¡Maravillosa coma! 29
3. Alegres, diversas, múltiples 35
4. Punto y coma 43
5. Una ventana abierta 49
6. Entre paréntesis 53
7. El punto 63
8. ... Y aparte 69
9. En suspensión 77
10. (¡Qué bien/mal puntuaba Cervantes!) 83
11. La duda 89
12. El pasmo 97
13. Entre comillas 105
14. Las palabras del otro 113
15. (Saltando de lengua) 121
16. El guión 125
17. La coma volante 129
18. Los puntos de los números 133
19. Estrellas, toboganes, círculos y rombos 137
20. Los textos sin puntos 143
21. Los puntos sin texto 149
22. (La selva de los signos) 153

Conclusión 159
Bibliografía esencial 163
Agradecimientos 167
Índice de conceptos y de los principales nombres propios 169

NOTA A LA PRESENTE EDICIÓN

La aparición de este libro, en el 2005, me produjo muchas satisfacciones, entre otras ver cómo era recibido por el público, que participó activamente en el sitio web de la obra, y cómo se sucedían las ediciones (bolsillo, club, Argentina y México). A través de años de contacto con los lectores, tengo la convicción de que es un libro que realmente ha contribuido a la reflexión sobre los recursos escritos, y que en concreto ha ayudado a que los profesores a muy distintos niveles trabajaran el tema con sus alumnos; no podía esperar nada mejor. Todo ello con una obra nada normativa, que no fustigaba *errores* sino que, por el contrario, exaltaba la creatividad de los hablantes al manejar una de las mejores herramientas de que disponen para transmitir su pensamiento por escrito: la puntuación.

La obra lleva varios años agotada, y en este tiempo me he encontrado mucha gente que se interesaba por su reedición, tanto en las redes sociales como en actos cara al público. Pero ¡ay! todo en el actual sistema editorial y librero conspira contra el mantenimiento de obras *de fondo*. Afortunadamente la editorial Ariel ha juzgado conveniente darle una nueva oportunidad. No ocurre lo mismo con el hermano pequeño de este libro, el prontuario de puntuación para niños ¡*Me como esa coma!*, que también gozó de un amplia difusión y que espera su turno en el limbo de las obras agotadas...

Al presentar *Perdón imposible* diez años después he preferido mantenerlo tal y como vio la luz por primera vez (con alguna mínima corrección). Creo que es básicamente válido, incluso tras la aparición de la *Ortografía de la lengua española* de la Academia (2010), que dedica a la puntuación mucha mayor atención que las anteriores.

Ojalá que esta sexta salida de la obra renueve el favor de sus lectores y contribuya a recordar a quienes se expresan por escrito el poder que tienen esos pequeños signos que balizan nuestro discurso.

PRÓLOGO

De mis años escolares recuerdo una anécdota atribuida a Carlos V (luego la he encontrado referida a otros reyes, pero nos dará lo mismo...). Al emperador se le pasó a la firma una sentencia que decía así:

Perdón imposible, que cumpla su condena.

Al monarca le ganó su magnanimidad y antes de firmarla movió la coma de sitio:

Perdón, imposible que cumpla su condena.

Y de ese modo, una coma cambió la suerte de algún desgraciado...

Las letras son el cuerpo de un texto, pero rodeándolas hay una nube de pequeños signos, a los que apenas prestamos atención, que constituyen el auténtico *espíritu* de las palabras. Los signos de puntuación son objetos misteriosos, que coexisten con las letras, pero no lo son: son las «letras de la cabeza», como decía una niña de cinco años, que «se piensan pero no se dicen».

¿Por qué es importante reflexionar sobre la puntuación, sobre sus signos y cómo se usan? Por una razón muy sencilla: porque (al igual que las normas ortográficas que nos enseñan a manejar bes y uves, ges y haches) es clave para la comunicación efectiva por escrito. Además sus fallos redundan en la mala imagen del que los ha cometido; y a veces en que el resultado sea poco comprensible o equívoco. En palabras de un especialista: «Difícilmente se altera el mensaje por uno o varios lapsos de ortografía literal (hay, naturalmente, excepciones antológicas); en cambio, ¡qué penosa labor la de llegar a comprender cabalmente un texto mal puntuado!; ¡qué esfuerzo para hacerse con la posible articulación de la frase!».

Una persona culta no puede permitirse puntuar mal un escrito, y ése es uno de los sentidos que podemos asignar al título de este libro, *Perdón imposible*. Sin embargo, ¿cuánto esfuerzo se dedica a enseñar la puntuación en el sistema escolar, comparado con el que se aplica a la ortografía de las letras? El resultado es que nuestros estudiantes apenas puntúan, o lo hacen erráticamente...

La segunda razón por la que vale la pena reflexionar sobre la puntuación es que ésta (a diferencia de la ortografía de las palabras) no puede reducirse por completo a un conjunto de reglas. Puntuar un texto siempre tendrá mucho de arte, de toma de decisiones con frecuencia sutiles, y en caso de duda no habrá diccionario ni programa de ordenador que pueda darnos la solución *correcta*. Pensemos que hoy en día los procesadores de textos más usados ya informan al escritor descuidado de que ha escrito *uelga* o *esdrujula*. Pero ningún programa avisará de un párrafo mal puntuado... Y además, como dice un experto, «aunque pueda resultar inquietante, hay que acostumbrarse a la idea, más bien realidad, de que hay contextos de puntuación (prácticamente todos) que admiten no un solo signo, sino un variado conjunto de soluciones ortográficas».

Si no hay reglas tajantes: ¿habrá por lo menos una práctica literaria establecida de la puntuación? Tampoco: «el caos es ahí absoluto: pocos creadores o intelectuales contemporáneos muestran atisbos de una puntuación coherente, y quienes los muestran están lejos de coincidir entre sí», en palabras de un agudo observador del tema.

Hay una razón complementaria: hasta hace relativamente poco los autores de libros o de artículos para la prensa podían esperar que entre su texto y la versión pública hubiera alguien que se encargara de la corrección, tanto de la ortografía como del estilo. Sin embargo, en muchos periódicos o editoriales de la actualidad el archivo de procesador de textos de un colaborador pasa sin más controles a convertirse en un artículo o en un libro impreso. Por otra parte, en esta época asistimos a la explosión de la *autodifusión* del texto: con frecuencia obras generadas por un particular o un profesional se divulgan inmediatamente en páginas web o en forma de boletín por correo electrónico. Estos textos tampoco pasarán por el filtro de un especialista en tipografía ni de un corrector, de modo que más vale que estén bien hechos... Por todas estas razones, en estos tiempos conviene —como nunca— que se sepan utilizar los recursos que la lengua escrita pone a nuestro alcance.

Además, en un mundo dominado por la tecnología electrónica de la escritura hay muchos usos de la puntuación que nos impone —o que nos da *por defecto*— el medio que empleamos: el teclado, el programa de ordenador (o mejor dicho, su «hoja de estilo» o sus herramientas de autocorrección y autoformato), o la arquitectura de las páginas web. Tenemos que conocer bien los procedimientos que han estado en uso en nuestra tradición ortográfica y tipográfica porque es absurdo cambiarlos sin razón... Los hablantes de una lengua suelen crisparse profundamente cuando se les amenaza con cambiar la forma en que la escriben (la pasada reforma ortográfica francesa y la actual alemana dan fe de ello); y sin embargo asumen con tranquilidad el cambio de usos que les imponen subrepticiamente los nuevos procedimientos tecnológicos.

¿Quiénes saben sobre puntuación? Los estudiosos del lenguaje han venido prestando una atención vacilante a este tema, de modo que durante siglos las personas que componían los libros, los tipógrafos y correctores, han sido quienes más y más profundamente han sabido sobre el tema. La Real Academia tuvo una gran influencia en la normalización de nuestros usos de puntuación en el siglo XVIII, y ha incorporado a sus sucesivas *Ortografías* diversas reglas y consejos. Modernamente los *Libros de estilo*, orientados a los medios de comunicación o de uso general, siempre han tenido apartados dedicados a la puntuación. Y sin embargo he aquí un nuevo libro sobre el tema...

Ésta no es una obra que resuelva todas las posibles dudas de puntuación: como he dicho, creo que algo así no puede sencillamente existir. Tampoco ha querido mostrar un resumen exhaustivo de contextos donde se usa cada signo: ya hay muy buena bibliografía que lo hace. Su intención es más bien acompañar al lector en una reflexión ilustrada sobre las funciones de la puntuación, lo que incluye en algunos casos mostrar las zonas de indefinición o las divergencias que existen entre los entendidos. Se ha concebido como un libro para lectores no especializados, es decir personas de las que no se espera más formación gramatical que (tiemblo al decirlo) la que se consigue en un bachillerato: se espera que el lector sepa qué es un sujeto, un verbo y un complemento, y poco más...

Pero la lengua escrita no es sólo literatura. En este libro he querido reflejar, por supuesto, los muchos hallazgos expresivos que debemos a narradores, dramaturgos y poetas; pero también cómo funciona la prosa no literaria (científica o legal), los textos prácticos (recetas o manuales), los periodísticos e incluso las producciones de personas de poca cultura (en la calle o en la Web); los cómics y los textos publicitarios permitirán ver usos expresivos de la puntuación; y por último no he querido dejar de lado usos de textos manuscritos. Algunos de los ejemplos recogidos contienen usos extraños o aberrantes, pero también es interesante reflexionar sobre ellos. Por otra parte, aunque parto del español de España, he utilizado numerosas muestras del español de América. También he intercalado algunas reflexiones sobre la traducción de la puntuación: una gran parte de nuestras publicaciones provienen de traducciones, y tenemos que pensar en lo que hacemos con los usos de otras lenguas... Por último, he introducido ciertas notas de historia de la puntuación porque pienso que (aunque sea de forma necesariamente esquemática) conocer los complejos avatares de la formación del sistema actual puede tener un efecto saludable para el lector.

Este libro se desarrolla a lo largo de veintidós capítulos, tres de los cuales (de título adecuadamente entre paréntesis) se ofrecen como opcionales. El primer capítulo es introductorio; a continuación figuran ocho que se reparten los signos propiamente de puntuación según un orden ya tradicional (coma, punto y coma, dos puntos, punto, y puntos suspensivos), intercalando uno que agrupa los paréntesis y las rayas; sigue un capítulo, el 10 (sobre la puntuación del *Quijote*), que el lector no interesado se puede saltar; los dos siguientes capítulos analizan los signos de entonación: la interrogación y la admiración, y los otros dos están dedicados a las comillas; el capítulo 15 (sobre la puntuación en la traducción) puede también dejarlo de lado el lector no interesado; los dos capítulos siguientes analizan los signos internos de palabra: el guión y el apóstrofo; los otros dos los signos «menores» o los usos «menores» de otros signos; el 20 y el 21 se dedican a la ausencia de la puntuación y a la puntuación aislada, y a continuación otro, el 22 —marcado asimismo como prescindible y dedicado a los signos en combinación— deja paso a la conclusión.

He querido —como es lógico en un libro de este alcance— descargarlo en lo posible de estorbos, con lo que no tiene notas, y únicamente está dotado de una bibliografía somera. Sin embargo, y como es evidente, me he servido de muchas fuentes, tanto en el corpus de ejemplos que voy citando como en las obras que me han informado.

Todas estas referencias están recogidas en la página web que sirve de complemento a este libro (http://jamillan.com/perdonimposible/). Además, en ella he incluido otras informaciones, notas y documentación gráfica.

Durante los primeros meses de vida de este libro, un concurso en la misma web permitió que el lector midiera sus conocimientos obre la puntuación con textos de escritores notables.

I

LA CARTA ASESINA

Cuando era pequeño (hace algo menos de medio siglo), una gran parte de las enseñanzas que se nos transmitían estaba apoyada por cuentos, anécdotas o chascarrillos, que tenían la ventaja de fijarse fuertemente en nuestra memoria. Entre ellas destaca todavía en mi recuerdo la siguiente:

> En el pueblo de V*** se recibió una carta, acontecimiento extraño y poco frecuente. En seguida fue entregada a su destinatario, quien empezó a leerla para sí, rodeado por el círculo atento de sus paisanos, situados a una distancia respetuosa para no oír sus palabras. De pronto, el lector cayó al suelo, como fulminado por un rayo.
> —¡Está muerto! —dijo uno.
> ¿Qué horrible mensaje contendría la carta? Inmediatamente un pariente se acercó, recogió la carta del suelo y comenzó a mover los labios en la lectura. ¡Al cabo de pocos minutos caía también muerto al suelo! Igual suerte corrió un tercero que intentó el arriesgado experimento...
> —¡Un momento, un momento! —exclamó el aguacil— Tenemos que aclarar este misterio: yo empezaré a

leer la carta, y en cuanto lleve un minuto tú —dijo señalando a su ayudante— me la quitas de las manos.

En efecto: comenzó el aguacil la lectura, y su semblante se fue demudando a medida que avanzaba, hasta que le arrebataron el papel de las manos.

—¿Qué pasaba?, ¿qué pasaba? —preguntaron todos.

—Horrible, espantoso —jadeó el aguacil, y siguió con voz entrecortada—: ¡la carta no tenía puntos ni comas!

Con toda su carga de exageración, este chascarrillo nos recuerda una de las funciones de la puntuación: crear pausas en la lectura. Aunque llevamos siglos sumergidos en una cultura de la palabra escrita, la lengua comenzó siendo algo oral, materia hablada, y la cadena de sonidos que la constituye necesita interrupciones que por una parte permiten respirar al hablante y por otra van dotando de sentido, de ritmo y hasta de música al texto.

Pero no es eso todo: hace casi exactamente quinientos años Antonio de Nebrija (que escribió la primera gramática del castellano) se expresaba así:

> Lo mismo que en la lengua hablada es necesario realizar ciertas pausas distintivas, para que el oyente perciba las distintas partes de la frase y para que el locutor, una vez recuperado el aliento, hable con mayor energía, así, en la escritura, hemos de hacer lo mismo para resolver ambigüedades, por medio de los signos de puntuación.

Nos surge aquí una segunda razón para la puntuación: hacer que pasajes que admitirían distintas lecturas (pensemos en las posibilidades del ejemplo de «Perdón imposible») se decanten hacia una de ellas. Como muchas decisiones en el uso de sus signos, esta función exige que quien escribe se ponga al mismo tiempo en el papel del que lee.

Es muy probable que, fuera del ámbito de lo literario, mucha gente (tanto quienes escriben como los lectores) no preste atención a los aspectos rítmicos de un texto. Se podría pensar que el texto de una ley o el del prospecto de un medicamento pueden prescindir de una elaboración rítmica (aunque estoy convencido de que siempre quedarían mejor si se atendiera también a ese aspecto). Pero hay un terreno en el que el ritmo es absolutamente vital, y ése es el de la poesía. Así se quejaba Luis Cernuda a un amigo, hablando de la publicación de su obra:

> Me disgustó mucho que me corrigiera [...] la puntuación de todos los poemas, alterándolos tanto de sentido como de ritmo.

La puntuación, como bien veía el autor de *Ocnos*, es el armazón que sustenta los dos edificios: el de la lógica y el de la música. Porque las pausas de una oración también tienen influencia sobre su curva melódica. Veamos este ejemplo de un clásico manual de fonética:

> Busqué el sombrero, | metí por él la mano cerrada para desarrugarlo, | me lo puse | y salí.

Las líneas verticales (llamadas *plecas*) marcan las cláusulas o unidades menores de la oración. El tono asciende y desciende en cada cláusula, pero se eleva antes de la última, para luego descender más:

Además debemos a la puntuación el conocimiento de lo que podríamos llamar la macroestructura del texto: su división en párrafos, y dentro de los párrafos en oraciones. Sabemos a través de ella qué ideas el autor consideró que podía unir (porque eran similares, o por la relación que mantenían entre sí) y cuáles quiso dejar aisladas. La puntuación transmite así la estructura lógica del texto.

La puntuación también nos ayuda a saber cuál es la postura del autor ante lo que dice: si expresa algo con ironía o con escándalo, con temor, ansiedad o duda, con vacilación, como súplica o con sorpresa, con pudor, con reticencia o con ánimo de ofender, si habla por sí mismo o si reproduce las palabras de otro... El problema es que la lengua escrita no tiene recursos suficientes para recoger con un signo distinto cada uno de estos matices, ni tampoco abarca todo el amplísimo abanico de emociones y sentimientos humanos. Como dice un buen experto en el tema, José Martínez de Sousa: «Por ejemplo, en esos casos en que decimos: "Lo ha dicho con recochineo". [...] ¿Cómo se manifiesta el recochineo en lo escrito?». Éste es un terreno en el que ni siquiera los más furiosos experimentalistas del lenguaje han osado entrar. Hablando de cómo los poetas de vanguardia abolieron la puntuación (lo veremos en el capítulo 20), Borges comentó: «Hubiera sido más encantador el ensayo de nuevos signos: signos de indecisión, de conmiseración, de ternura, signos de valor psicológico o musical».

Recapitulemos: desambiguación de expresiones equívocas, significación, ritmo y melodía de la frase, estructura lógica del discurso, emociones e intenciones del autor... ¡e incluso la respiración! Son muchas las cosas que dependen de la puntuación, y por otra parte el sistema actual es el fruto de una evolución histórica compleja. El resultado final se parece mucho al *bricolage:* el escritor (igual que el ciudadano que escribe una carta), está forzado a hacer lo que pueda con las limitadas —y a veces anticuadas— herramientas que tiene a mano...

La puntuación se ha construido a lo largo de la historia de la escritura. Compare el lector los dos textos que se ofrecen enfrentados en las Figs. 1 y 2. Intente leer primero el recuadro de la izquierda sin pronunciar sus palabras. Cuando fracase, pruebe de nuevo, esta vez en voz alta.

Para muchos efectos, el lector de la Fig. 1 se encontrará en la misma situación que existía en Grecia o en ciertos momentos de Roma. Supongamos que usted es una noble romana, y que, por supuesto, no sabe leer. Pero tiene un esclavo, un joven hispano o tracio, que le ha costado un ojo de la cara por su conocimiento de las letras, y le pide que lea unos poemas para alivio de su insomnio. El joven empieza a leer, pero ¡ay!: mecánicamente, sin saber realmente lo que dice el texto, y por tanto sin distinguir siempre dónde empieza o acaba una palabra. En el *Satiricón* de Petronio, el rico Trimalción besa a un muchacho «no porque sea guapo, sino porque es excelente: sabe dividir por diez, lee a simple vista». Un momento: Petronio dice que el chico lee «a simple vista», pero ¿de qué otra manera se podría leer? La verdad es que descifrar un texto en escritura continua (sin blancos entre palabras, ni puntuación) exigía en Roma una preparación que se aprendía del profesor de gramática, ¡y el portentoso muchacho de Trimalción podía leer sin esta tarea previa!

ENELPRINCIPIODELAESCRITURATODASL
ASPALABRASSEPONIANJUNTASSINESPAC
IOSENBLANCOENTREELLASYCONFRECU
ENCIAENMAYUSCULASPORSUPUESTOTA
MPOCOHABIAACENTOSLASFRASESADE
MASEMPEZABANYTERMINABANSINNIN
GUNAINDICACIONYLOMISMOLOSPARR
AFOSLAESCRITURAERAUNCHORRODEL
ETRASQUELLENABATODOSLOSEESPACI
OSDISPONIBLESYELTEXTOUNOCEANOE
SPESODEPALABRASHABIAQUELEERLOSSI
GNOSENVOZALTAPARAEXTRAERELSEN
TIDOPEROHACERLOEXIGIAUNNOTABLE
CONJUNTODECONOCIMIENTOSENUNM
OMENTODADOSEEMPEZARONASEPARA
RLASPALABRASYLASFRASESAPARECIERO
NUNANUBEDEPEQUEÑOSSIGNOSQUESE
ÑALABANAQUIYALLADONDEHABÍAQUE
HACERLASPAUSASMENORESDONDETER
MINABANLOSFRAGMENTOSCONSENTID
OCOMPLETOYDONDEDESECERRABAUN
ARGUMENTOLOSLECTORESINCLUSOLO
SMENOSAVEZADOSPUDIERONDEESTAM
ANERAACCEDERALOSTEXTOS

Fig. 1: Un texto en escritura continua.

En el principio de la escritura todas las palabras se ponían juntas, sin espacios en blanco entre ellas y con frecuencia en mayúsculas; por supuesto, tampoco había acentos. Las frases además empezaban y terminaban sin ninguna indicación y lo mismo los párrafos. La escritura era un chorro de letras que llenaba todos los espacios disponibles y el texto un océano espeso de palabras.

Había que leer los signos en voz alta para extraer el sentido, pero hacerlo exigía un notable conjunto de conocimientos.

En un momento dado se empezaron a separar las palabras y las frases. Aparecieron una nube de pequeños signos que señalaban aquí y allá dónde había que hacer las pausas menores, dónde terminaban los fragmentos con sentido completo, y dónde se cerraba un argumento. Los lectores —incluso los menos avezados— pudieron de esta manera acceder a los textos.

Fig. 2: El mismo texto de la fig. 1 con separación de palabras, puntuación y mayúsculas.

Hoy en día aún podemos asistir a una práctica similar: el músico que accede a una partitura nueva raramente podrá tocarla de inmediato; deberá revisarla y suplir con sus anotaciones particulares los numerosos aspectos de ejecución a donde no llega la notación musical. En las marcas del *grammaticus* latino (que unían o separaban palabras, o indicaban las pausas), quizás adaptadas de los griegos, encontramos el origen de nuestros signos de puntuación, hacia los siglos II o IV de nuestra era.

La situación en la Baja Edad Media no era mejor. Suponga que usted es un clérigo medieval, y tiene que leer en el púlpito un texto escrito sin divisiones. Quizás lo más recomendable sería, después de dos o tres lecturas que le hicieran suponer que lo entendía completamente, anotar sobre el pergamino los lugares en que se cerraba una idea, en que había una pausa, etc. Esta puntuación *privada* le serviría para leer el texto en público sin vacilación, o para entenderlo más fácilmente cuando volviera sobre él...

Mientras tanto se había ido fraguando toda una revolución: frente a la lectura en voz alta, que era la única existente, aparecía la *lectura silenciosa* o *interior*. Es bien conocido el pasaje de las *Confesiones* de san Agustín (siglo IV de N.E.) que relata la sorpresa que le produjo ver a san Ambrosio leyendo en soledad... ¡en completo silencio! A partir de cierto momento (difícil de determinar) empezaron a aparecer obras que nacían como texto escrito para ser consumidas en el texto escrito, sin pasar jamás por la voz... Pero hoy en día —y salvando las obras de teatro, los guiones cinematográficos y algunas poesías—, éstas son la inmensa mayoría.

El gran cambio en la puntuación es inseparable de la revolución de la escritura, y se puede fechar con bastante exactitud en los siglos VIII-IX cuando Carlomagno (el emperador francés cuyos territorios se extendían desde el norte de la actual Cataluña hasta Centroeuropa) pidió a sus sabios que creasen una escritura más comprensible que la que estaba en uso. El resultado, la *cursiva carolingia*, se inspiró en escrituras preexistentes, pero lo importante es que se impuso a lo largo de todo su Imperio (que es tanto como decir que en toda la Europa occidental), y en España acabó desplazando a la letra local, o visigótica. La nueva cursiva se parecía sorprendentemente a la letra manuscrita actual: separaba palabras, permitía distinguir bien unas letras de otras, y además incorporaba los primeros signos de puntuación y recursos que hoy ni percibimos de puro *naturales*, como poner en mayúscula la primera letra de las oraciones tras el punto.

El segundo impulso para el enriquecimiento de la puntuación vino en el Renacimiento italiano, cuando los humanistas instauraron un sistema de escritura manuscrita fácilmente legible. Sus aportaciones fueron asimiladas y multiplicadas por una invención coetánea que fue el auténtico factor de extensión y uniformización de los escritos: la imprenta. El italiano Aldo Manuzio (1450-1515), el mejor de los *impresores* de la época —equivalentes casi a los *editores* actuales—, fue el instaurador de un modelo de libro que de hecho es el que se ha mantenido hasta nuestros días. Debemos al taller veneciano de Manuzio la aparición de la letra cursiva, más fácilmente legible que la gótica que se venía usando en imprenta (y que se basó en la letra humanista manuscrita). Pero también aportó una puesta en página equilibrada, con un sabio uso de los espacios en blanco en los márgenes, e incluso un formato nuevo: el libro *de bolsillo*. Su emblema fue el ancla y el delfín —luego utilizado repetidamente— y el lema *festina lente:* 'apresúrate despacio', auténtica clave del trabajo editorial (y de muchos otros).

La imprenta ayudó a extender y uniformizar el uso de los signos de puntuación, aunque durante siglos hubo usos muy diferentes, con variantes en distintos países. Para el español el impulso unificador vino de la Real Academia, que en 1742 incluía el embrión de los usos modernos en su *Ortographía* (por cierto, la puntuación se ha considerado tradicionalmente parte de la ortografía, aunque en el sentir popular, *ortografía* es lo que tiene que ver con las letras: bes, uves, acentos, mayúsculas..., mientras que la *puntuación* se ocuparía de los signos: ,;¿(:...) Pero hasta mediados del siglo XIX no podemos encontrar un sistema de puntuación estable.

2

¡MARAVILLOSA COMA!

La palabra *coma* proviene del griego *comma*, que significa 'trozo, corte', y en efecto: la coma representa el menor corte, la pausa más pequeña que se marca dentro de un enunciado. Tiene la forma de un «rasguillo curvo», según lo definía hace un siglo una ortografía para niños. Con su forma y su función moderna ya estaba en uso a mediados del siglo XVI.

Una de sus utilidades es unir oraciones —o partes de una oración— que tienen la misma función, como en estos ejemplos de Baroja y Alberti:

> Dolorcitas y yo jugábamos como chicos, recorríamos la casa, subíamos a la azotea, íbamos al miramar.

> ¡Fue un gran año aquel 1927! Variado, fecundo, feliz, divertido, contradictorio.

Puede suceder que el último término de una enumeración vaya unido por la conjunción *y*, y en ese caso no lleva coma, como en esta frase de una web guatemalteca, que contiene dos enumeraciones, una dentro de otra:

> Realizamos un acto cívico en la Municipalidad, compartimos un suculento almuerzo y después nos entregamos a cortar peras, manzanas y ciruelas.

Fijémonos en que a pocas palabras de distancia la coma está funcionando a dos niveles muy distintos: uniendo oraciones («realizamos...» y «compartimos...»), y uniendo complementos directos dentro de la última oración («peras» y «manzanas»). Puede parecer extraño decir que la coma *une*, pero es así: si suprimiéramos los miembros que llevan la conjunción lo más normal sería que las comas se transformaran en *y:*

> Realizamos un acto cívico en la Municipalidad *y* compartimos un suculento almuerzo. Después nos entregamos a cortar peras *y* manzanas.

Pero en realidad lo que decide el significado de la coma es la preposición que está al final de la enumeración: el siguiente artículo del Código Penal castiga la «fabricación o tenencia» de materiales *o* de instrumentos *o* de sustancias..., porque la conjunción *o* cierra la enumeración.

> La fabricación o tenencia de útiles, materiales, instrumentos, sustancias, máquinas, programas de ordenador o aparatos, específicamente destinados a la comisión de los delitos descritos en los capítulos anteriores, se castigarán con la pena señalada en cada caso para los autores.

Por otra parte, ¿por qué se ha puesto una coma tras «aparatos»? Tal vez para que no haya ninguna duda de que la frase «específicamente [...] anteriores» se refiere a todos los miembros de la lista, desde los *útiles* hasta los *aparatos* (y no sólo a estos últimos). La prosa legal no debe dejar margen para la ambigüedad, aunque a veces lo consiga mediante la sobrepuntuación.

Sin motivo, no hay por qué poner una coma antes de la conjunción *y* u *o* de una enumeración. Ponerla antes de *y* era frecuente en la época de Cervantes —lo veremos en el capítulo 10—, aunque hoy no se usa (en inglés, en cambio, es muy frecuente verla, de modo que los traductores deben estar alerta). Sin embargo hay casos en los que indica la adición de nuevas circunstancias cada una de las cuales refuerza la impresión inicial, como este ejemplo de Miguel Mihura (en el que sin embargo me sobra la segunda coma, tras «niños»):

> Pero el niño seguirá llorando desconsoladamente, con ese terrible llanto de los niños, que no parece circunstancial, sino definitivo: un llanto que les seguirá ya siempre, aun cuando tengan setenta años, y sean ya viejos, y tengan barbas y bigotes, y ocupen un cargo de gran director en una oficina.

La coma que puede asegurarse con alta probabilidad que es innecesaria es la que separa el sujeto y el verbo de una oración. Veamos esta declaración cubana:

> Todos los hombres, merecen un trato social sin discriminación alguna;

Esta coma tras el sujeto no hace ninguna falta (salvo cuando se inserta algún tipo de aclaración o complemento, como sería «Todos los hombres, jóvenes o viejos, merecen...»). Sin embargo, se la encuentra con cierta frecuencia en escritos de personas poco cultas. Hay quien ha justificado la necesidad de usarla cuando el sujeto es extenso, «porque la frase es larga, y es menester poder respirar», como en este ejemplo de un tratado de hace medio siglo:

> Las telas catalanas tejidas con esmero en Sabadell, son muy buenas

La verdad es que esta frase es larga, y que —puestos a hacer una pausa para respirar— uno lo hace con más tranquilidad entre dos elementos funcionalmente independientes (sujeto y verbo) que entre un nombre y su adjetivo (como entre «telas» y «catalanas»), pero también es cierto que la puntuación no refleja necesariamente todas las pausas habladas: lo veremos en el siguiente capítulo.

Las comas también pueden aislar un complemento en el seno de la frase, como en este caso de las memorias de Alberti en las que se cuenta cómo Lorca le presentó a Dalí:

> Federico, en una de mis espaciadas visitas otoñales, me lo presentó.

Si la frase siguiera el orden normal no harían falta comas: «Federico me lo presentó en una de mis espaciadas visitas otoñales».

La coma se ha convertido en el representante de la menor porción de un escrito, en frases hechas como «no tocar ni una coma»:

> El secretario de Estado para el Deporte, Jaime Lissavetzky, ha dicho [...] que el actual Gobierno no cambiará

«ni una coma» de la Ley del Deporte en lo que se refiere a la exclusividad de las selecciones españolas para representar al Estado internacionalmente.

Este signo suele también usarse para ejemplificar las consecuencias que puede acarrear aun el menor de los cambios (ya hemos visto en el Prólogo el caso atribuido a Carlos V). En las letras españolas hay un ejemplo famoso al final de *Los intereses creados* de Jacinto Benavente:

> CRISPÍN.— Y ahora, doctor, ese proceso, ¿habrá tierra bastante en la tierra para echarle encima?
> DOCTOR.— Mi previsión se anticipa a todo. Bastará con puntuar debidamente algún concepto... Ved aquí: donde dice... «Y resultando que si no declaró...» Basta una coma y dice: «Y resultando que sí, no declaró...» Y aquí: «Y resultando que no, debe condenársele...», fuera la coma y dice: «Y resultando que no debe condenársele...»
> CRISPÍN.— ¡Oh, admirable coma! ¡Maravillosa coma! ¡Genio de la Justicia! ¡Oráculo de la Ley! ¡Monstruo de la Jurisprudencia!

El descuido o la oficiosidad de los correctores pueden provocar más de un problema. Recojo el siguiente caso del periodista Néstor Luján, que en 1984 escribía en *La Vanguardia* a propósito de las devastaciones de la Revolución Francesa:

> En una zona de la Vendée tan sólo, el 40 por 100 de la población fue asesinada y el 52 por 100 de la riqueza se destruyó.

Y aquí está el texto tal y como fue publicado:

> En una zona de la Vendée, tan sólo el 40 por 100 de la población fue asesinada y el 52 por 100 de la riqueza se destruyó.

¡El corrimiento de la coma convirtió al bueno de Luján en un adalid de la violencia revolucionaria! Y hay un ejemplo famoso que puede indicar las consecuencias incluso teológicas que puede tener la puntuación: se trata de la interpretación del pasaje evangélico de Lucas, 23, 43. Las palabras de Jesús al «buen ladrón» se traducirían literalmente así:

> Verdaderamente te digo hoy conmigo estarás en el paraíso.

En la escritura de la época no había, claro está, signos de puntuación, con lo que cabe una ambigüedad de interpretación. La puntuación del texto se encarga de resolver el sentido, para los católicos: «Verdaderamente te digo, hoy estarás conmigo en el paraíso», y para algunos protestantes: «Verdaderamente te digo hoy, estarás conmigo en el paraíso».

La diferencia tiene profundas consecuencias doctrinales sobre el cielo y el purgatorio (a las que no podemos ni asomarnos), pero para nuestros fines baste notar que se trata de una ambigüedad resuelta mediante la puntuación: en las traducciones que hemos manejado se trata de una coma, aunque en otras se resuelve con los dos puntos, o incluso sin puntuación, con una oración subordinada:

> De cierto te digo que hoy estarás conmigo en el paraíso.
> De cierto te digo hoy que estarás conmigo en el paraíso.

Sí: no olvidemos que la puntuación es sólo una de las formas en que se puede dar cuenta de la estructura de una oración...

3

ALEGRES, DIVERSAS, MÚLTIPLES

La coma es el signo de puntuación de uso más arbitrario. Representa una pausa del lenguaje hablado en que no se suspende totalmente la voz, entre partes del discurso relacionadas no sólo ideológica, sino también gramaticalmente. Ahora bien: ni todas las pausas con que se modula el lenguaje hablado se transcriben en el escrito, ni todas las pausas que se representan con comas, obedeciendo a las reglas del uso de este signo, se hacen siempre en el lenguaje hablado. [...] En general, es de recomendar que, antes de sembrar de comas un periodo, se pruebe a leerlo sin alguna de las que primero se le ha ocurrido poner al escritor.

Estas palabras son de María Moliner, la autora del famoso *Diccionario de uso del español,* y ponen el dedo en la llaga. Ya un clásico *Manual de pronunciación española* recordaba que «hay comas, como las que se escriben, por ejemplo, en frases como *Sí, señor* y *No, señor,* que de ordinario no producen en la pronunciación pausa ni división alguna». Pero por otra parte retengamos el consejo final: que quien escribe lea (en voz alta) el pasaje, desprovisto de ciertas comas, para ver si son realmente necesarias.

El escritor cubano Guillermo Cabrera Infante dedicó su libro *Exorcismos de esti(l)o*:

> a las comas, alegres, diversas, múltiples, minuciosas, salvadoras pero modestas, a todas las comas como comas bajas y altas [...]

En este capítulo seguiremos explorando su diversidad. Por ejemplo, una coma muy curiosa es la que sustituye a un verbo; se da en estructuras en paralelo en las que no quiere repetirse en la segunda parte. El puesto del verbo suprimido lo ocupa una coma en este fragmento de Jorge Martínez Reverte:

> El canal en la zona republicana está seco, para permitir el paso de vehículos. En la nacional, lleno, para servir de parapeto en caso de asalto.

Fijémonos en que en la segunda oración se ha suprimido el sujeto («el canal») y el sustantivo del complemento («en la *zona* nacional»); ambas supresiones son fácilmente suplibles, con lo que no hay que marcarlas. Pero cuando se quita el verbo («está») es forzoso colocar en su lugar una coma. Aparte de ser un indicador de que algo se ha suprimido, la coma marca el lugar en el que —cuando la frase se pronuncia en voz alta— se eleva ligeramente el tono y se hace una pequeña pausa.

Observemos que las dos oraciones están separadas por un punto y seguido, pero igualmente podrían haberlo estado por un punto y coma: es una pura opción estilística. Porque, por cierto, el cuidado del estilo puede estar presente incluso en un volumen de historia militar...

Ya hemos visto que una oración con el orden normal de sujeto, verbo y complemento habitualmente no requiere puntuación:

> El maestro pegó al estudiante con una vara.

Cuando ésta aparece puede ser por el deseo de señalar un matiz especial. Así en este ejemplo:

> El maestro pegó al estudiante, con una vara.

La primera oración es simplemente descriptiva. La segunda indica que a la agresión se añade el ultraje. Pronunciada en voz alta, la segunda frase mostraría una pausa que, por inhabitual (antes de un complemento) indicaría que lo que sigue tiene una importancia especial.

Hay otro tipo de comas, específicas de la lengua escrita, que se colocan para clarificar la estructura sintáctica. Hace poco me descubrí puntuando así un email para invitar a un encuentro:

```
Hagamos algo hoy, o el miércoles o el jueves
a mediodía.
```

La coma se coloca para agrupar «miércoles y «jueves», de modo que la precisión «a mediodía» se aplique también al primero. Compárese con la ambigüedad de:

```
Hagamos algo hoy o el miércoles o el jueves a
mediodía.
```

En otros casos la puntuación se adelanta a una posible mala interpretación. Veamos este caso del prólogo a una antología poética:

> Por poner un solo ejemplo, Diego Hurtado de Mendoza sobrevivió casi cuarenta años a Boscán y a Garcilaso, y la evolución de su obra se comprende mejor con la proximidad de otros acompañantes.

La primera coma, tras «ejemplo», es del tipo obligado cuando una frase empieza por un complemento. La segunda podría ser una coma prescindible —son dos oraciones unidas por la conjunción *y*—, pero aquí se corre el riesgo de que el lector interprete la conjunción como añadiendo un miembro más a la relación: «sobrevivió a Boscán y a Garcilaso y...». La puntuación impide que el lector haga una hipótesis que luego resulta fallida. Recordemos: puntuar es adelantarse al que va a leer.

La coma es imprescindible cuando se repite alguna palabra, como en esta carta de Lezama Lima:

> Se cumplieron, caro amigo, las más cómodas profecías: no, no iré por ahora a España.

O esta noticia de una web:

> Se inventa de todo... pero todo, todo.

A la coma normalmente le sigue un espacio (como al punto, al punto y coma, a los dos puntos y a los puntos suspensivos) y a continuación figuran otras palabras; pero hay un par de casos en que no ocurre así. La «coma y aparte» se puede utilizar en listas, como en esta receta:

Guarnición:
◆ menta fresca,
◆ naranja a gajos,
◆ azúcar (para marcar la naranja),
◆ melón a dados,
◆ fruta de la pasión,
◆ grosellas,
◆ lichis.

Como vemos, la lista mantiene la puntuación que tendría el texto seguido; tradicionalmente la norma era utilizar para estas enumeraciones siempre el punto y coma, pero hoy esa práctica se sigue poco. Hoy también es muy frecuente encontrar listas sin ninguna puntuación (más que el *boliche* que marca cada línea: véase el capítulo 17).

Otro uso de la «coma y aparte» se da en instancias y otros textos legales, como este ejemplo del BOE (donde, por cierto, para mí sobra la primera coma):

Por cuanto el día 3 de diciembre de 1996, el Plenipotenciario de España, nombrado en buena y debida forma al efecto, firmó en Nueva York el Acuerdo sobre la aplicación de las Disposiciones de la Convención de las Naciones Unidas sobre el Derecho del Mar de 10 de diciembre de 1982 relativas a la conservación y ordenación de las poblaciones de peces transzonales y las poblaciones de peces altamente migratorios, hecho en Nueva York el 4 de agosto de 1995,

Vistos y examinados el Preámbulo, los cincuenta artículos y los cuatro Anexos (I,II,B,C) de dicho Acuerdo,

Concedida por las Cortes Generales la autorización prevista en el artículo 94.1 de la Constitución,

Reparemos en que estos nuevos párrafos empiezan por mayúscula, a pesar de ir tras coma; también es un uso frecuente en la prosa legal.

En general, y en caso de duda, es mejor un texto con pocas comas que otro con abundancia de ellas. Sin embargo, uno puede encontrarse obras de especial densidad en las que se agradece que el autor vaya balizando su pensamiento con signos de puntuación. Éste es el caso de un texto de Juan José Saer:

> De esa manera, y tal como aparece en muchos textos de Freud, la construcción narrativa del psicoanálisis presenta, en relación con la narración en general, una particularidad reductora: la de pretender que existe un conflicto preciso, una intriga significante que se deber resolver, lo que equivale a decir que, en ciertas circunstancias, hay análisis terminable.

Las comas que enmarcan «en relación con la narración en general» y «en ciertas circunstancias» podrían haberse suprimido sin problemas en un texto narrativo, pero aquí recalcan la estructura lógica del párrafo.

Cuando alguna persona poco culta quiere hacer alarde de puntuación, las comas suelen ser las primeras en sufrir... por exceso. Es lo que María Moliner llamaba —lo hemos visto— «sembrar de comas» un texto. Hace años tuve la ocasión de escuchar cómo un viejo tipógrafo decía de un autor: «Parece que ha cogido un puñado de comas y las ha tirado encima» (naturalmente, estaba pensando en la época en que el texto se componía a mano, cogiendo uno a uno los tipos de la caja). Ése es el caso de este anuncio, en el que una sintaxis realmente extraña se complementa con un uso intensivo —y erróneo— de la puntuación:

> Hablo a los hombres todos en esta carta de Paz, deteniéndome en los que tienen poder temporal, dentro del cual, deben saber construir la Paz: a los que digo que, en mí, está darles todo el entendimiento que se requiere, lo ofrezco, sin pedir nada a cambio.

Cerraremos este capítulo con otra reflexión de María Moliner: «en cuanto al uso de la coma, hay muchas diferencias entre los escritores escrupulosos en ese punto y los más despreocupados». Esta advertencia se podría hacer con toda la puntuación, pero llegados aquí nos encontramos con un problema curioso: dado un determinado escritor que nos seduce (o al contrario: que nos repugna) por su uso de los signos, ¿cómo sabremos si ello se debe al autor o a la intermediación editorial (composición, corrección...)? La respuesta es que con frecuencia no podremos saberlo.

Quejándose de no recordar haber leído ningún libro, latino ni castellano, que estuviera perfectamente puntuado, el autor de un tratado del siglo XVII decía así:

> Y aunque se ve bien claro que la mayor culpa de ellos [los errores] está en los Impresores, no sé cuánta disculpa pueden tener los autores de los libros, que no se los dan tan bien puntuados en el original que no les den ocasión y lugar a que no echen muchos yerros en esto; que no me parece a mí que habrá impresor tan ignorante que si le dan un papel con buena puntuación, no sepa seguirla razona-

blemente siquiera: y así la culpa viene a repartirse entre los escritores y los impresores, y la pena viene a ser entera de cada uno de los que no hallan la perfección que desean.

Así que podemos comprender la solución que tomaron los autores más cuidadosos: controlar los detalles de la publicación de su obra (a veces a través de ediciones y reediciones como fue el caso de Borges). El precursor de todos ellos, que llegó al extremo de vigilar sus obras al pie de la prensa de imprimir, fue Erasmo de Rotterdam en la imprenta de su amigo Manuzio. Pero ésa es otra historia...

4
PUNTO Y COMA

Se atribuye al taller de Aldo Manuzio (a quien hemos conocido en el capítulo 1) la aparición de este signo en la imprenta. En realidad el punto y coma ya había aparecido en manuscritos visigóticos, dentro de la orgía de variantes del punto que desarrollaron. Como los impresores españoles compraban sus letrerías —o conjuntos de signos— a los fabricantes europeos, innovaciones como el punto y coma se fueron difundiendo por la península, donde lo vemos activo ya en el siglo XVI, aunque con uso escaso.

Normalmente se dice que la pausa del punto y coma es menor que la del punto, aunque mayor que la de la coma, pero (como muchas de las afirmaciones generales sobre puntuación) debe ser matizada. En el siguiente ejemplo de Pío Baroja el lector puede optar por hacer una pausa mínima.

> Tengo que hablar de mí mismo; en unas memorias es inevitable.

Aquí el punto y coma se ha utilizado para unir dos oraciones que, aun siendo independientes, conservan una cierta relación. Una coma habría resultado claramente insuficiente, mientras que usar un punto y seguido habría sido excesivo (salvo que se quisiera crear un estilo entrecortado, sincopado, como veremos en el capítulo 6).

Otra función del punto y coma es introducir una aclaración o una explicación, y en ese caso bien podría sustituirse por los dos puntos; lo vemos en un artículo técnico:

> Pues bien, este dispositivo tuvo una vigencia muy corta; llegó al mercado a finales de los 70 y nos sirvió a algunos durante un tiempo.

El punto y coma se emplea cuando en el interior de una estructura para la que normalmente se usarían comas se introducen otros elementos que también las usan: en ese caso las primeras se deben transformar en punto y coma. Para ver cómo funciona haremos un experimento: partiremos de tres oraciones separadas por comas (I) y les iremos añadiendo detalles. En el estadio II introduciremos elementos con comas en cada una de las oraciones y eso obligará a separarlas con punto y coma. En el estadio III continuaremos añadiendo elementos y eso aconsejará separar las oraciones con punto y seguido (el punto y coma aflorará para alguna cuestión suplementaria de claridad interna, como ante la adversativa con «pero»). Destacamos la puntuación más pertinente:

> I Vino Juan, subió la fruta, le pagué.

> II Vino Juan por la mañana, apenas había amanecido; subió la fruta: peras, manzanas, uvas y una gran sandía; le pagué, como siempre, al contado.

III Vino Juan por la mañana, apenas había amanecido, a pesar de que sabe de sobra que me acuesto tardísimo y no me gusta madrugar. Subió la fruta lentamente, golpeando cada escalón con su pierna mala: peras, manzanas, uvas y una gran sandía; pero no tenía —o no quiso traerme— pimientos de su huerta. Le pagué, como siempre, al contado, a pesar de sus protestas de que se lo dejara a deber.

En realidad (y con el punto y coma esto se ve especialmente bien), cuando uno crea un texto no va puntuando automáticamente, sino que está inmerso en todo un *proceso*, que puede implicar vueltas atrás y rectificación de las puntuaciones anteriores en función de la evolución que van tomando las oraciones.

El siguiente ejemplo de Azorín representa una oración de nivel II:

> Yo estoy en mi cuarto; el cuarto es diminuto; tiene tres o cuatro pasos en cuadro; hay en él una mesa pequeña, un lavabo, una cómoda, una cama.

Sin embargo (casi cada vez que enunciemos una regla de puntuación habremos de hacer una salvedad) un escritor puede optar, por motivos rítmicos e incluso visuales, por resolver una sucesión semejante únicamente con comas. Ése es el caso de una bien conocida enumeración del cuento «El Aleph» de Borges, que se alarga a través de treinta y ocho frases encabezadas por «vi». He aquí un extracto:

> Vi el populoso mar, vi el alba y la tarde, vi las muchedumbres de América, vi una plateada telaraña en el centro de una negra pirámide, vi un laberinto roto (era Londres), vi interminables ojos inmediatos escrutándose en

mí como en un espejo, vi todos los espejos del planeta y ninguno me reflejó, vi en un traspatio de la calle Soler las mismas baldosas que hace treinta años vi en el zaguán de una casa en Fray Bentos, vi racimos, nieve, tabaco, vetas de metal, vapor de agua, vi convexos desiertos ecuatoriales y cada uno de sus granos de arena, vi en Inverness a una mujer que no olvidaré, vi la violenta cabellera, el altivo cuerpo, vi un cáncer en el pecho, vi un círculo de tierra seca en una vereda, donde antes hubo un árbol, vi una quinta de Adrogué, un ejemplar de la primera versión inglesa de Plinio, la de Philemon Holland [...] , vi el Aleph, desde todos los puntos, vi en el Aleph la tierra, y en la tierra otra vez el Aleph y en el Aleph la tierra, vi mi cara y mis vísceras, vi tu cara, y sentí vértigo y lloré, porque mis ojos habían visto ese objeto secreto y conjetural, cuyo nombre usurpan los hombres, pero que ningún hombre ha mirado: el inconcebible universo.

La *ortodoxia* de puntuación habría exigido separar los miembros principales por punto y coma, relegando las divisiones internas a la coma. Así sería el texto de Borges corregido según ese criterio (he destacado la puntuación para mayor claridad):

Vi el populoso mar; vi el alba y la tarde; vi las muchedumbres de América; vi una plateada telaraña en el centro de una negra pirámide; vi un laberinto roto (era Londres); [...] vi en Inverness a una mujer que no olvidaré; vi la violenta cabellera, el altivo cuerpo; vi un cáncer en el pecho; vi un círculo de tierra seca en una vereda, donde antes hubo un árbol; vi una quinta de Adrogué; un ejemplar de la primera versión inglesa de Plinio, la de Philemon Holland; [...]

Está claro cuál fue la intención que guió a Borges (y aquí podemos saber, gracias al manuscrito del cuento, que fue él y no su corrector o su editor: ¡ya veremos en el capítulo 10!). El aluvión de imágenes que su protagonista percibe en ese punto llamado Aleph queda muy bien reflejado a través de un flujo de breves descripciones separadas por la mínima intervención posible, que es la coma: «Lo que vieron mis ojos fue simultáneo: lo que transcribiré, sucesivo, porque el lenguaje lo es».

Pueden encontrarse —aunque no son frecuentes— ejemplos de enumeraciones sin divisiones internas construidas exclusivamente con punto y coma, como este caso de Bioy Casares:

> Remé exasperadamente, llegué a la isla (con una brújula que no entiendo; sin orientación; sin sombrero; enfermo; con alucinaciones).

La verdad es que el punto y coma es el gran olvidado de los signos de puntuación. Uno puede recorrer gran parte de la producción escrita contemporánea (y no sólo la más informal) sin encontrarlo. Por ejemplo: esta receta ha resuelto en una serie de puntos y seguido oraciones que podía haber unido con punto y coma:

> Para hacer la sopa de melón, poner los trozos de melón en un bol y triturarlos. A continuación, añadir el zumo de limón y un poquito de jarabe neutro y volver a batirlo. Después escaldar la menta en agua hirviendo, parar la cocción en agua con hielo y añadirlo a la sopa de melón.

Parece que tenía razón el tratadista que en época de la introducción de este signo en España opinaba que: «ésta es mucha particularidad y menudencia para escritura castellana»...

Pero una de las habilidades de un escritor es modular un pasaje a través de todos los recursos con que puede contar: la ausencia de puntuación, la coma y el punto y coma. Pocos autores han creado pasajes tan simples, pero bellos y eficaces, como Sánchez Ferlosio:

> La timidez es un tesoro tanto en los niños como en los adultos; es la sensibilidad para la distancia, el sentimiento de que uno no puede adelantarse a pretender saber cómo es el prójimo, lo que equivale a la conciencia de que se está ante una persona; sin ello, el conocerse es un brutal allanamiento de morada, que cosifica a la persona, por cuanto queda en realidad ignorada en su condición de tal.

Y cerraremos el capítulo con el resumen en verso de las circunstancias en que se suponía que había que usar el punto y coma, tal y como las memorizaban los escolares de hace un siglo (las «adversativas» son las oraciones que comienzan por *pero, sin embargo;* las «ilativas» o «consecutivas» expresan una consecuencia, encabezadas por *por tanto, luego, con que...*).

Oraciones con incisos.
Miembros largos. Claridad.
Adversativa no corta.
De dos puntos en lugar.
Comparativa algo larga.
Ilativa regular.

Por cierto: ¿cuál será el plural de *punto y coma*? La Academia recomienda dejarlo invariable («los punto y coma»), pero la mejor solución quizás sea huir de expresiones así o —en todo caso— transformarlas de este modo: «los signos de punto y coma».

5

UNA VENTANA ABIERTA

Los dos puntos sirven de entrada a las enumeraciones, a las explicaciones, a las ampliaciones de sentido. Son como una ventana abierta por la que puede penetrar cualquier cosa, ya sea en un prospecto de medicamento o en un cuento de Julio Cortázar:

> Los síntomas de hipermagnesemia son: sofocos, ralentización del latido cardiaco, depresión del sistema nervioso central, [...] arritmias y parada cardiaca.
>
> Nuestro reino era así: una gran curva de las vías acababa su comba justo frente a los fondos de nuestra casa.

Cuando en una obra se introduce una cita literal, ésta se antecede con dos puntos, como acabamos de hacer tras «Cortázar» (este uso se remonta a muy atrás: se puede ver ya en el siglo XVI). El mismo signo sirve también para introducir explicaciones inmediatas; como en esta obra de teatro de los hermanos Manuel y Antonio Machado, cuando uno de los personajes aclara el significado de una serie de términos:

ARACELI.— Hidroterapia: con agua
se sana de todo; helio-
terapia: donde entra el sol
hace milagros; los nervios
se entonan con nerviosina,
el nombre es casi un remedio;
homeopatía: un granito
de anís y te pones nuevo;
alopatía: dos onzas
de ruibarbo y tres de arsénico;
naturismo: nueces, dátiles,
naranjas y siempre en cueros.

Hoy en día vemos a los dos puntos en la función, un poco servil, de porteros del discurso, pero desde la Edad Media gozaron de gran difusión para indicar pausas menores, hasta el extremo de que hay libros impresos a finales del XV y principios del XVI que sólo utilizan el punto y los dos puntos. Pero aquí tenemos que señalar un dato terrible, de los que pueden hacer que el lector palpe el vértigo de la historia de la lengua: en el Renacimiento fue muy frecuente que los dos puntos se llamaran... ¡*coma!* (de hecho, cumplían la función que hoy tiene la coma).

Hay escritores cuyo estilo se caracteriza por hacer un uso intensivo y concatenado de los dos puntos. Sus oraciones son con frecuencia como cascadas que desembocan unas en otras. Ése es el caso de Eduardo Haro Tecglen:

> Se puede decir a los bonitos santones del Fórum que se equivocan: las religiones están en la base del choque verdadero de civilizaciones: Sharon, Bush y Aznar formaron un bloque de intereses para dominar el Oriente mediterráneo, y en ello están.

Precisamente este carácter fluido de los dos puntos, que parece que no interrumpen, sino que dejan paso, es el que ha servido para su entronización en una escritura que no quiere marcar jerarquías entre elementos, sino discurrir. Juan Goytisolo tiene numerosos ejemplos de este uso, y éste es uno de sus *Memorias:*

> Rostros surgidos nadie sabía de dónde en el espacio de una mañana : fantasmas venidos de extramuros, tal vez del paredón junto al que cayeron acribillados : anonimato justiciero, simbiosis en fosa común, olvidado criadero de malvas : presentes de nuevo, pese a la gran barrida, como fruto de una pesadilla densa e insoportable : ademán inútil de frotarse los ojos [...].

Fijémonos en que el autor ha optado por dejar un espacio no sólo después (lo que es obligado) sino también antes del signo. Con ello parece querer señalar la excepcionalidad de su uso (en francés, sin embargo, es común el espacio antes y después).

Por cierto: después de ciertas expresiones que recapitulan o cambian de tema (como *por cierto*, *ahora bien*, etc.) se suelen poner dos puntos, como hace aquí el filósofo Jaime Balmes:

> Ahora bien: entre los órganos corpóreos está distribuida una cierta cantidad de fuerzas vitales [...].

Este uso no es ni mucho menos obligado, porque también se puede ver en esa función una simple coma...

Hemos comentado en el capítulo anterior que hay casos en que casi pueden alternar dos puntos y punto y coma. Precisamente ahí radica una corrección que Borges introdujo en el texto de «El Aleph» casi treinta años después de su primera publicación. El personaje de Carlos Argentino Daneri reivindica sus derechos de propiedad sobre el portento:

> —[...] Es mío, es mío; yo lo descubrí en la niñez, antes de la edad escolar.

Y a partir de 1974:

> —[...] Es mío, es mío: yo lo descubrí en la niñez, antes de la edad escolar.

El matiz es importante: en la primera versión la propiedad y la historia del descubrimiento son hechos independientes, aunque relacionados. En la segunda hay un enlace causal entre ambos: el Aleph pertenece al personaje *porque* se lo encontró hace mucho.

Para terminar mencionaré un caso tal vez menor, pero que se encuentra cada vez más: aunque por influencia del inglés hoy se use a veces la coma tras el encabezamiento de las cartas, nuestra tradición utiliza para ello los dos puntos, como en esta divertida muestra de Eduardo Mendoza:

> Apreciable amigo:
>
> Al recibo de la presente espero que esté usted bien de salud. Yo también. Adiós. Gracias.

6

ENTRE PARÉNTESIS

Hay veces en que en una oración por lo demás completa se inserta un elemento. Se reconoce porque «aunque se quite no queda imperfecta la oración», como señalaba Jiménez Patón en 1614. La puntuación los señala sobre todo mediante paréntesis, pero también con otros medios...

Encontramos el grado más leve en ciertos tipos de *aposición* (que es un nombre que se añade a otro sin preposición): cuando se cita el apodo o el nombre de una persona. Veamos este ejemplo de la prensa:

> El ministro de Trabajo y Asuntos Sociales, Jesús Caldera, anunció ayer que su departamento ha resuelto [...]

Lo insertado entre comas podría suprimirse —«El ministro de Trabajo y Asuntos Sociales anunció ayer»— y la sintaxis de la oración no sufriría (aunque sí, lógicamente, la información que aporta).

Otro caso típico de inserción en el seno de una frase son los vocativos, esas llamadas a un interlocutor presente o ausente, como en el primer verso de esta cita de Machado:

> Antes que te derribe, olmo del Duero,
> con su hacha el leñador, y el carpintero
> te convierta en melena de campana,
> lanza de carro o yugo de carreta.

Las oraciones de relativo llamadas explicativas son también incisos de este tipo. La puntuación —es decir: las pausas y la entonación— es lo que las distingue de las variantes especificativas, como este ejemplo del gran lingüista americano Andrés Bello:

> Las señoras, que deseaban descansar, se retiraron.
>
> Las señoras que deseaban descansar se retiraron.

La primera forma —explicativa— indica que *todas* las señoras se retiraron: en ella se puede suprimir la cláusula entre comas; la segunda dice que se retiraron sólo las señoras que deseaban descansar.

Con las oraciones explicativas nos encontramos al borde de la posibilidad de utilizar el más famoso de los recursos de puntuación que sirve para marcar inserciones: los paréntesis. Éstos se usan cuando la circunstancia que se quiere añadir es más lateral o alejada que la que requiere una coma. Por supuesto, ello es siempre opinable. La siguiente versión del penúltimo ejemplo sería perfectamente válida:

> Las señoras (que deseaban descansar) se retiraron.

Los paréntesis son los primeros signos dobles que nos encontramos: deben aparecer siempre por parejas. Su misma forma recuerda dos manos curvadas que agarraran una porción de la frase, o tal vez una especie de recipiente: el mencionado maestro del XVII Jiménez Patón veía los dos signos, el de apertura y el de cierre, como formando parte de un mismo ente: «Paréntesis es un círculo grande, partido por medio, que abraza la razón inserta». Era un procedimiento ya en uso en los manuscritos, pero cuando se introdujeron en los primeros libros impresos (a finales del siglo XV) en ocasiones tuvieron que dibujarlos a mano en la página, porque la imprenta no contaba con los signos. Su nombre viene del griego *parenthesis*, 'poner al lado'.

El paréntesis de apertura —como todos los signos dobles: rayas, comillas, interrogación y exclamación— presenta un espacio antes pero no después, y el de cierre a la inversa. Una expresión entre paréntesis admite en su interior otros signos de puntuación (salvo el punto y aparte) y a su vez coexiste con la puntuación de la oración en la que se inserta. La siguiente entrada de un diccionario presenta un paréntesis y tras él vemos la coma que exige la inserción de otra oración: «basados...»:

> Los juegos de estrategia (también llamados, afortunadamente con poco éxito, *wargames*), basados casi siempre en conflictos bélicos reales, son una variedad de juego de mesa de sociedad que simula una confrontación militar.

Cuando hay otro signo tras el cierre del paréntesis, este no mantiene el espacio en blanco que suele tener detrás, sino que se pega a la coma, punto y coma, etc., que le sigue (lo acabamos de ver en el ejemplo anterior). ¿Y qué pasaría si a una coma en función parentética le debiera seguir otra? Pues que las dos se *fusionarían* en una. Veamos un ejemplo de la prensa:

> Se trata de Jamal Ahmidan, El Chino, cuya entrega ha sido autorizada por la juez Teresa Palacios [...]

La segunda coma es la suma de dos. La prueba es que si se suprimiera el alias (o si se sustituyeran las comas por un paréntesis) debería permanecer la coma exigida por *cuyo:* «Se trata de Jamal Ahmidan, cuya [...]» y «Se trata de Jamal Ahmidan *(El Chino), cuya* [...]».

Las expresiones parentéticas tienen una curva melódica particular: la cláusula entre paréntesis tiene una elevación de tono al principio y una caída al final, pero toda ella se encuentra en un tono inferior al de la frase principal. Así representa un clásico manual de fonética una frase que contiene un paréntesis:

> Las tierras del dominio público (dice el decreto) son de igual naturaleza que las del dominio privado.

En las últimas décadas (y quizá por influencia del inglés) está cundiendo la utilización de las *rayas* (—) en la función del paréntesis. Las rayas funcionan exactamente igual: enmarcando una inserción dentro de una oración, con la diferencia de que el signo de apertura es igual al de cierre. He aquí un ejemplo del cronista taurino Joaquín Vidal:

Curro —por éstas que es verdad— había matado a la primera. Curro —por éstas también— había hecho una faena larga, maciza, hermoseada mediante fugaces centelleos de inspiración.

La raya es más larga que el *menos* (llamado así porque se usa para indicar la operación aritmética), y a su vez éste es más largo que el *guión* de separación de palabra al final de línea (que veremos en el capítulo 16). En los teclados normales de ordenador, como antaño en los de máquina de escribir, no existe tecla para la raya, con lo que muchos usan dos guiones seguidos para representarla: «Curro --por éstas que es verdad-- había matado a la primera».

Por desgracia algunos de estos dobles guiones llegan intactos a un libro o revista, aunque normalmente el programa de procesamiento de textos —que en Word se controla desde el menú Herramientas/Autocorrección— los sustituye automáticamente por la raya. (Si uno quiere meter directamente una raya desde el teclado, puede hacerlo con Ctrl+Alt+guión del teclado numérico). En vez de las rayas tampoco queda mal en un texto utilizar el menos, que se consigue directamente con Ctrl+guión del teclado numérico.

Los diálogos son un caso especial del uso de la raya. Cada vez que habla un nuevo personaje hay que empezar párrafo y encabezarlo con una raya. Ésta no funciona como un signo doble, puesto que no se cierra. Sin embargo los comentarios del narrador que interrumpen el parlamento sí que se sitúan entre una apertura y un cierre de rayas, aunque si van al final sólo figura la apertura. Veamos todos estos casos en una novela de Juan José Millás:

—No sé a qué se refiere —dije al fin.
—Veamos —dijo cambiando de tema al tiempo que volvía a sentarse—, ¿ha preparado el informe que le pedí por teléfono?
—Sí —mentí.
—¿Es minucioso?
—Bastante.

Igual que ocurría con los paréntesis, las rayas respetan la puntuación necesaria para la frase en la que se insertan, que se pone siempre tras ellas (como la coma tras «sentarse—»). La aclaración final («—dije al fin.») es uno de los casos en que la raya se abre, pero no se cierra. Pero esto también podemos encontrarlo fuera de un diálogo: así le escribía Luis Cernuda a Jorge Guillén, proponiéndose para un pequeño puesto en una universidad:

> Y no sabe usted con cuánto entusiasmo me lanzaría en tal trabajo; ello me alejaría de mí mismo y de mis tristezas —perdone la palabra.

Como la llegada del punto expresa bien a las claras que se ha cerrado el paréntesis, se aprovecha para descargar la oración de signos superfluos. Sin embargo, debe huirse de utilizar la raya en la función de punto y coma o dos puntos, calcada del inglés (lo veremos en el capítulo 15).

En formas literarias especiales —como en un relato de tipo vanguardista—, el diálogo se puede mezclar casi completamente con el resto del texto, sin ningún tipo de marca, como hace aquí Vargas Llosa:

> Qué trome, Cuellar, le decía Lalo y el Hermano muy buena memoria, jovencito, y a nosotros ¡aprendan, bellacos!

¿De qué sirve tener dos procedimientos distintos —los paréntesis y las rayas— para hacer la misma cosa? Por ejemplo, puede introducir variedad. Supongamos que queremos intercalar dos paréntesis dentro de un mismo párrafo. Salvo que queramos recalcar el paralelismo entre ellos (lo que ocurría en el ejemplo de Joaquín Vidal), podemos optar por tratar uno mediante rayas y otro con paréntesis, como en este caso de un libro de teoría literaria:

> Toda elección de un lector —la de seguir o no un enlace— es binaria y exclusiva (a diferencia del laberinto y el libro de Borges), ya que una opción cierra la otra como si no existiera [...].

Si se quiere meter un paréntesis dentro de otro también resulta útil abrir primero rayas y dentro de ellas paréntesis (o viceversa: no hay una doctrina clara sobre ello). La verdad es que el uso preferente de rayas o de paréntesis, o las especializaciones de su empleo, son rasgos del estilo de un escritor (¡o quizá de su editor!). Por ejemplo, en una recopilación de artículos de José Ángel Valente he comprobado que para los incisos se utilizan sistemáticamente las rayas, y los paréntesis se reservan para aclaraciones breves y prácticas (un año de nacimiento, capítulo y versículo de una cita bíblica...).

Hasta ahora hemos visto casos de paréntesis muy breves, pero ¿cuán largos pueden llegar a ser? La respuesta es, como siempre, que depende de con qué fin se incluyan en el texto. Si forman parte de una obra literaria, pueden ser todo lo largos que permita la habilidad del autor (y la paciencia del lector). Determinados tipos de prosa de período extenso y sintácticamente ramificado pueden hacer auténticos alardes, como el paréntesis de una obra de Juan

Benet que ocupa cincuenta líneas de texto —más de dos páginas— y que a su vez contiene otros dos paréntesis en su interior. El alarde es más patente si se repara en que además está situado entre el sujeto («la señora») y el verbo («convirtió») de la oración. He aquí un extracto:

> Tal fue el primer anuncio de la fiesta, el pregón que anunció la momentánea retirada de la escena de una primera actriz aquejada de un ataque de ciática, la primera premonición que un ademán de la señora (y bien, casi toda la tarde anterior la había ocupado [siguen aquí cincuenta líneas de texto] y aun aplaudía como una inveterada e inocente superstición) convirtió en certeza.

Un uso de los paréntesis que proviene de los lenguajes formales (de lógica y programación) es el de marcar un elemento opcional. Así, leemos en un texto sobre abreviaturas:

> En el caso de algunas monedas, además del símbolo trilítero establecido de acuerdo con las normas de la ISO [...], se incluye(n) otro(s) de uso corriente.

La verdad es que este empleo del paréntesis sólo sobre una parte de la palabra es un tanto violento, y debería haberse usado más bien esta forma: «se incluye otro (u otros) de uso corriente».

Este paréntesis es especial también porque no respeta los habituales espacios delante (como acabamos de ver) o detrás:

> Las sedes web son más accesibles a través de motores de búsqueda y de agencias de evaluación si están bien (auto)descritas.

La frase final se leería: «si están bien descritas o autodescritas».

Con los paréntesis ocurre una cosa muy curiosa, y es que es un signo de puntuación que funciona simplemente mencionándolo. Si uno dice (o escribe): «entre paréntesis», ¡la frase se coloca automáticamente entre paréntesis, aunque no lleve paréntesis! ¿Está claro? La prueba es que la expresión puede aparecer entre comas:

> Tal es, dicho sea entre paréntesis, un segundo aspecto de la dialéctica de Hegel.

O entre rayas...

> Así será hasta que los obreros de otros países liquiden el capitalismo. Y no lo harán —dicho sea entre paréntesis— mientras no lleven a cabo una purga implacable entre sus «líderes».

¡O incluso entre paréntesis!

> (Esa invectiva, dicho sea entre paréntesis, es el reverso exacto de su verdadera opinión sobre Valéry. Éste así lo entendió y la amistad antigua de los dos no corrió peligro).

7

EL PUNTO

Puntuación viene de *punto*, con lo que no hay que preguntarse mucho cuál es el signo de puntuación por excelencia. En latín *punctum* está relacionado con 'pinchar, punzar' (se ve por palabras afines en castellano, como *punción*). En efecto: el conocido signo con el que terminamos una oración presenta una diminuta forma circular, similar al resultado de pinchar con una aguja.

Probablemente los griegos ya utilizaban algún tipo de punto, pero es entre los textos latinos donde podemos empezar a encontrarlo. Primero se utilizó, en vez del espacio en blanco, para separar las palabras (por ejemplo en inscripciones), pero los gramáticos de los siglos IV a VIII empezaron a utilizarlo para marcar las pausas, escribiéndolo con altura variable: más alto cuanto más larga era la pausa que indicaba. Así, existía el punto en la línea base de la escritura (como hacemos hoy: .), en el centro de la línea (·), o en posición superior (˙). Estos tres tipos de punto equivalían, *grosso modo*, a los actuales coma, punto y coma o dos puntos, y punto. Por más extraño que este sistema pueda parecer hoy, llegó hasta los primeros libros impresos...

Como la altura del signo estaba sujeta a error (sobre todo cuando se abandonó la escritura en mayúsculas), pronto se añadieron otros rasgos para diferenciar los distintos tipos. Por esa razón, el punto está en el origen de otros signos, hasta el extremo de que su nombre en latín y en otras lenguas lo recuerda: no sólo el *punto y coma* y los *dos puntos*, sino el *punctus admirativus* —la admiración en latín— o el *point d'interrogation* —la interrogación en francés.

En realidad, al hablar del punto en la actualidad deberíamos distinguir como mínimo dos tipos (y probablemente tres, véase el capítulo 18). Está el *punto y seguido* —que divide oraciones en el interior de un párrafo— y el *punto y aparte* (llamado en algunos lugares de América también *punto acápite*) —que crea un párrafo nuevo.

El punto y seguido permite articular —fundiéndolas en un mismo bloque visual (y en una sola unidad de emisión oral)— distintas oraciones que comparten o desarrollan un mismo tema. Este párrafo de un cuento infantil transmite información sobre las andanzas de su protagonista a través de tres puntos y seguido:

> Al principio lloró un poco y se asustó, pero luego pensó que tenía que haber una explicación. Los dátiles crecen en las palmeras, que son esos árboles que parecen un manojo de fuegos artificiales. Así que echó a andar por el desierto, que es el sitio en donde crecen las palmeras.

Si las oraciones contenidas entre los puntos son muy breves, se crea un estilo entrecortado, sincopado, como en estos consejos a un hijo, de Max Aub:

Vive. Ten vida. No ofendas a Dios, que de nada sirve. Vive a la llana. Olvídate de que existe el dinero, a lo sumo vuelve atrás. Hazte pobre. En todo. No des. Déjalo todo por la paz.

Cuanto más larga sea una oración, más puntuación secundaria (coma, punto y coma...) tendrá que contener. Las nueve brevísimas oraciones del ejemplo anterior sólo requieren dos comas. ¿Hay una tendencia a escribir con oraciones cada vez más cortas? En el inglés americano ha sido indudablemente así, pero quizá no ocurra en otras lenguas.

El punto y seguido es uno de los grandes articuladores visuales de los textos. Está separado de la oración siguiente por un espacio, pero exige siempre inmediatamente la presencia de una mayúscula. No siempre fue así, claro: textos medievales pueden mostrar punto seguido de espacio y de minúscula, o espacio sin punto seguido de mayúscula... En la tradición inglesa —igual que en la humanista del principio de la imprenta, y en alguna práctica española del siglo XVI—, se pone tras el punto un espacio mayor que el que separa las palabras, pero en español no hay por qué hacerlo.

Las primeras formas de escritura no mostraban puntos y aparte, sino únicamente punto y seguido, y esa situación se mantuvo en la mayor parte de las obras impresas en el Siglo de Oro. Así se imprimió en 1584 (y es un ejemplo entre muchos) *De los nombres de Cristo*, de Fray Luis de León. En 1770 un editor de la obra publicaba por primera vez su texto dividido en párrafos «no por enmendar al autor, sino, por si llegan estos libros a manos vulgares [...] descansen en los apartes si les fatiga la leyenda [es decir, la lectura] continua». (A quien le interesen los avatares de las ediciones del Siglo de Oro verá más sobre este tema en el capítulo 10).

Algunos autores contemporáneos han escogido volver, con propósitos estéticos a formas antiguas. Por ejemplo, la obra de Juan Benet *Una meditación* (1970) consta de un solo y gigantesco párrafo, y de hecho fue escrita en un rollo de papel continuo de ochenta metros.

Pero el punto tiene también otra función bien distinta: señalar que determinada combinación de letras (con frecuencia impronunciable) es una abreviatura; por ejemplo, la famosa de «etcétera», *etc.*

Una buena abreviatura tiene que servir para eso, para abreviar; con este fin debe mantener las letras más significativas de la palabra mientras reduce apreciablemente su longitud. Por ambos motivos es reprobable esta abreviatura en el rótulo de un local barcelonés:

Cafte. Pennsylvania

«Cafte.» significa «Cafetería» (como habrá descubierto el hábil lector). En general, uno no abrevia una palabra de nueve letras dejándola en cinco. En este caso su autor se encontraba con que no existía una abreviatura establecida para la palabra, y —francamente— a veces no es muy fácil crear una. Aunque (como recordaba la primera *Ortographía* académica): «siempre es mejor escribir dos letras más, que dejar menos clara la inteligencia de lo que se escribe». Cualquier libro de estilo, diccionario ortográfico o similar tiene una lista de abreviaturas usuales que podrán guiar al lector que se vea precisado de usar alguna, aunque en general hay que decir que cuantas menos se empleen, mejor...

Hay unas pocas abreviaturas que no usan punto, sino barra inclinada, como «c/» para «calle». Y las abreviaturas de las unidades de medida no usan ningún signo: «m» es «metro » y «cm», « centímetro». Éstas están controladas por instancias internacionales, como el ISO (International Organization for Standardization, 'Organización Internacional de la Normalización'). A propósito: hoy lo más frecuente es que las siglas no lleven punto: ONU, IVA, y no O.N.U., I.V.A.

Las abreviaturas mantienen las características ortográficas de la palabra que reducen, como el acento («admón.» por «administración»). El punto que las cierra no es un punto y seguido, y por lo tanto ni concluye la oración ni exige mayúscula después; tras él puede haber —si lo exige la frase— una coma, puntos supensivos... Pero si se pone una abreviatura al final de una oración, su punto se «fusiona» con el de ésta: *etc.*

8
... Y APARTE

Y aquí realmente debemos hacer un punto y aparte, porque entramos en una nueva dimensión de la puntuación. Los signos que hemos visto hasta el momento (la coma, el punto y coma, los dos puntos, los paréntesis o rayas y los puntos suspensivos) administran relaciones en el interior de un texto, pero el punto y aparte crea la propia arquitectura de la página.

El punto y aparte no se distingue en sí mismo del punto y seguido: en realidad podríamos definirlo como *un punto seguido de espacio*. Lo que voy a decir inmediatamente puede parecer extraño, pero es cierto: *el espacio en blanco es un signo más de puntuación*. De hecho, una de las primeras formas de «puntuación» no fue otra que el separar en líneas los fragmentos de texto con significación autónoma. Aunque probablemente fuera ya un uso latino, lo puso en práctica san Jerónimo (siglo IV) al traducir algunos libros de la Biblia.

La prueba moderna de que el espacio es un tipo de puntuación es que funciona por sí mismo. Así hemos introducido subdivisiones dentro de los capítulos de este libro.

¿Cuándo se debe crear un punto y aparte? Sepámoslo en la acreditada forma de catecismo con que la Real Academia hace más de un siglo ponía la doctrina ortográfica al alcance de los niños:

> P. ¿Cuándo conviene tal división?
> R. Cuando se va a pasar a diverso asunto, o bien a considerar el mismo bajo otro aspecto.
> P. ¿Cuándo más?
> R. Comúnmente, en los diálogos, como se ve en los de este librito.

Pero en los géneros literarios (por ejemplo en la novela) el autor es muy libre de crear tantos puntos y aparte como quiera, al servicio del ritmo o de los designios de su escritura, como en este ejemplo de Baroja en que habla sobre el sonido de la lluvia:

> Aun desde la cama lo oigo en la gotera del desván, que, al caer en un barreño, hace un ruido metálico.
> Y la lluvia, y el viento, y el agua, todo me encanta y todo me entristece.
> Es la herida, esa herida que va fluyendo anegando mi alma, manantial cegado que ahora tornó a brotar.

Nada habría impedido que estas tres oraciones estuvieran unidas por punto y seguido, pero tampoco cabe duda de que el efecto demorado y fragmentario que crea la división en párrafos va muy bien con la melancolía de la escena.

En las novelas populares del Oeste y géneros similares uno puede encontrar sucesiones de oraciones breves que constituyen cada una un párrafo, como en esta novelita de Marcial Lafuente Estefanía que narra la persecución de un caballo salvaje:

Este animal siguió descendiendo hacia el sur.
El problema para Rodney radicaba en los víveres.
Tenía otro caballo en el que llevaba mantas, lazos y víveres.
No tenía Rodney idea del tiempo transcurrido, ni del lugar en que se hallaba.
A pesar de su obsesión por ese caballo, hubo momentos en que pensó abandonar la caza, para rectificar en el acto.

¿Por qué la narración adopta esta forma? Creo que hay dos razones. Por una parte, el comprador del libro probablemente no tendrá gran habilidad lectora, y agradecerá por tanto una página *esponjada*. De hecho, esta disposición del texto, que asigna un corto párrafo a cada idea, ha vuelto a descubrir la solución que adoptó san Jerónimo con la Biblia. Por otra parte, al *abrir* el texto, el autor (que normalmente cobraba por página) consigue mayores ingresos con el mismo esfuerzo de su musa.

El punto y aparte afecta a dos frases: la que cierra (a la que añade un blanco en el resto de la línea), y la siguiente (a la que dota de un sangrado, o pequeña indentación en el margen izquierdo). Semejante procedimiento crea párrafos, los bloques de texto que constituyen la unidad fundamental hasta que llegan las grandes divisiones de una obra (capítulos o partes).

El sangrado tiene una clara razón de ser: es posible que el punto y aparte coincida con el final de una línea, y en ese caso: ¿cómo distinguirlo de un punto y seguido? (por esa razón en este libro —y en muchos otros— el primer párrafo del capítulo o el que sigue a un espacio en blanco no se sangran: no hay peligro de que se interpreten como parte del párrafo anterior). En las tradiciones tipográficas que no sangran la primera línea se usan otros recursos, como por ejemplo aumentar el espacio entre un párrafo y otro.

La mayoría de las páginas web en español (a diferencia de la mayoría de los libros en nuestra lengua) presentan párrafos sin sangrado en la primera línea, separados por un espacio. Esto se debe a que en HTML inicial (el lenguaje que describe un texto para que el programa navegador lo interprete en la pantalla) los párrafos se definieron de esa forma. No es difícil, hoy en día, crear páginas que sigan nuestras pautas tradicionales, pero éstas se ven raramente; incluso cunden híbridos como páginas web que presentan párrafos sangrados en la primera línea y además separados del anterior.

La ruptura del bloque del texto mediante los blancos y la presencia de la mayúscula al comienzo del nuevo párrafo son un importante medio de *abrir* el texto. ¡No todos los lectores afrontan animosamente una doble página de letras sin un solo blanco...! Pero la división de párrafos que comporta el punto y aparte no tiene sólo un sentido espacial, sino también de sentido. La prueba es que en la Edad Media, cuando se escribía en bloques continuos, existía un signo que indicaba cambio de tema (¶), y tras él continuaba el texto, sin saltar a la línea siguiente. Así quedarían, en ciertas tradiciones manuscritas hispanas, los párrafos de Baroja que he incluido antes:

> Aun desde la cama lo oigo en la gotera del desván, que, al caer en un barreño, hace un ruido metálico. ¶ Y la lluvia, y el viento, y el agua, todo me encanta y todo me entristece. ¶ Es la herida, esa herida que va fluyendo anegando mi alma, manantial cegado que ahora tornó a brotar.

El signo ¶ o *calderón* es una forma especial de la letra P, inicial de *paragraphus*, palabra latina para 'párrafo' (que por cierto viene del griego *para*, 'junto a' y la raíz de 'escritura' que encontramos en *calígrafo*... o en *bolígrafo*). Si el lector utiliza un programa procesador de textos habrá visto el signo para indicar precisamente el final de párrafo.

Por último, hay un tipo especial de punto y aparte, que es aquel en el que termina una obra. El punto final (que algunos llaman *punto y final*) no presenta ningún rasgo intrínseco que le distinga del punto y aparte. Sabemos que hemos llegado al punto final de un libro porque aparece la palabra FIN, o, porque está seguido por páginas en blanco, índices... Los lectores de novelas no siempre se han conformado con la sentencia inapelable del punto final, y la prueba son las continuaciones de obras que los autores se han visto obligados a hacer andando el tiempo... Uno de los más famosos puntos finales que no resultaron serlo es, por supuesto, el de la primera parte de *El ingenioso hidalgo don Quijote de la Mancha* (1605):

> Estos fueron los versos que se pudieron leer; los demás, por estar carcomida la letra, se entregaron a un académico para que por conjeturas los declarase. Tiénese noticia que lo ha hecho, a costa de muchas vigilias y mucho trabajo, y que tiene intención de sacallos a luz, con esperanza de la tercera salida de don Quijote.
>
> *Forse altro canterà con miglior plectro.*
>
> FINIS

A pesar de esta «esperanza», Cervantes no las debía de tener todas consigo, puesto que cerró el libro con el epitafio del caballero y el escudero. Sin embargo, diez años después (en 1615), aparecería la segunda parte del *Quijote,* esta vez con un punto final verdadero...

Hace cosa de un siglo tenían punto final hasta los letreros. Como decía el *Prontuario* de la Academia, éste ha de usarse «Al fin de un escrito, aunque sea de pocas palabras, o de una sola, como los letreros: *Banco de España. Hospital General. Senado.*».

En los usos escolares «punto final» señala el término de un dictado. El profesor proclama: «"... y comieron perdices". Punto final», y tras el último, laborioso faenar de bolígrafos y rotuladores hay un rumor de hojas y suenan los cierres de plumieres y carteras.

El punto —por su rotundidad— es el signo de puntuación que más éxito ha tenido en el campo de las frases hechas. Tenemos la expresión «¡... y punto!» con la que alguien (normalmente dotado de autoridad y poca tendencia al diálogo) zanja una situación o una discusión. Y está también la expresión «poner punto final» que se utiliza para cualquier cosa, y no sólo para un texto, como en este ejemplo de un periódico argentino:

> Una agresión le puso punto final al partido. Un hincha de Instituto, que luego fue identificado, le arrojó un rollo de papel a José Rabinovich y le abrió una herida en la cabeza.

«Con puntos y comas» significa 'textualmente' o 'hasta en los más mínimos detalles'. Por otra parte, la frase irónica «Lo dijo Blas, punto redondo...» se utiliza para expresar que algo que otro ha dicho no se considera, ni mucho menos, cierto, como en este artículo de debate:

> Para compensar, *El País* publicó un artículo titulado *Un cristianismo del siglo XXI* en el que Raimon Ribera pontifica que *el cristianismo deberá renunciar a considerarse la única verdad*. Lo dijo Blas, punto redondo.

Esta expresión es muy curiosa: los puntos son redondos... ¿o no? La precisión de que el punto debe ser redondo, que se encuentra en algunas obras del siglo XVII, se debe a que la notación musical venía utilizando un punto cuadrado, e incluso hubo intentos de incorporarlo a la puntuación de los textos. La verdad es que hoy en día, y según las tipografías, el punto varía mucho; como dice un experto: «es redondo en Futura, cuadrado en Helvética, romboidal en Goudy y ovalado en Ultra Bodoni».

9

EN SUSPENSIÓN

El punto tiene algo de fijo, de permanente, de cierre inapelable. Es como el clavo que remacha el final de una oración. Sin embargo, en cuanto se multiplica expresa la idea opuesta: tres puntos no cierran triplemente una frase, sino que la prolongan de modo misterioso...

En la versión española de un tratado de Petrarca de mediados del XV el traductor ya alerta: «Señal de suspensión es...». Los puntos utilizados de forma conjunta sirven para dejar *en suspenso* un enunciado; ¿con qué fin? Veamos la última oración de una novela de Pío Baroja:

> Sí, yo me alegro de que mis hijos no quieran ser marinos..., y, sin embargo...

Los sentimientos contrapuestos del narrador (que quiere —y al tiempo no quiere— que sus hijos trabajen en el mar) han tenido que recurrir para su expresión a los puntos suspensivos. La primera vez que aparecen cierran una oración completa, indicando que tras la idea enunciada hay, o puede haber, algo más. La segunda vez interrumpen el comienzo de una oración: hemos llegado a algo que no se quiere (o tal vez no se puede) decir.

Si se utilizan al principio de un escrito, los puntos suspensivos ofrecen un curioso efecto de estilo: el texto parece surgir de la nada ya medio hecho, se presenta como la continuación de algo que no se nos da. Con ese vacío comienza un poema de Claudio Rodríguez:

Ballet de papel

... Y va el papel volando
con vuelo bajo a veces, otras con aleteo
sagaz, a media ala,
con la celeridad tan musical,
de rapiña,
del halcón, ahora aquí, por esta calle,
[...]

En una función más prosaica (pero quizás igualmente útil) los puntos suspensivos sencillamente indican que una enumeración no está cerrada, pero que quien la emite ha decidido no continuarla. En este sentido, podrían sustituirse por la palabra *etcétera* (o su abreviatura *etc.*). Éste es el caso de una web de consejos contra la diabetes:

Todas las verduras (acelgas, espinacas,...) preferentemente hervidas. Hortalizas (tomate, lechuga,...) preferentemente crudas.

Como estamos viendo, los puntos suspensivos deben escribirse pegados a la palabra o signo que les precede, pero no eximen de utilizar otros signos de puntuación.

Se usan también para reflejar las pausas voluntarias que se producen en el habla con el fin de retrasar una declaración, para crear una tensión narrativa. Ahí son el equivalente de la *fermata* en música (ese compás que se suspende cuando el oyente está esperando la continuación, y el silencio se mantiene hasta que es casi insostenible... y entonces continúa la melodía). Un uso típico es la pausa antes del nombre del afortunado en un concurso o un premio, como hemos visto en los Óscar:

    Y el ganador es... ¡¡Fulanito!!

Pero esa pausa también puede tener el efecto teatral de remarcar una continuación ridícula. He aquí dos casos, que provienen precisamente de sitios de debate de la Web:

    Del parto de los montes que tanto comecuras había anhelado... salió un minúsculo ratón.

    Así que el asesino era... una ONG. Muy fino tu análisis.

Y hay dos tipos de pausa suspensiva que, de hecho, interrumpen definitivamente la oración. Una ocurre tras el inicio de un refrán o frase hecha, cuando se omite el resto (por pensar que el oyente o lector ya lo conoce):

    Y casi sin solución de continuidad, y como a perro flaco... el Osiptel, regulador de la telefonía peruana, multaba ese mismo día a TdP con un millón de dólares por prácticas contra la competencia.

La continuación «todo son pulgas» se da por sabida (aunque me falta una coma tras los tres puntos). El otro tipo de pausa tiene lugar cuando se hurta una palabra o expresión «por temor» o «por respeto a la decencia», como decía un viejo manual de ortografía, y lo ejemplificaba con esta perla:

Niño tan...

Un contexto en el que aparecerán forzosamente los puntos suspensivos es al reproducir cómo habla una persona. Quien haga la interesante experiencia de transcribir la grabación de un simple diálogo se sorprenderá de la cantidad de veces que un hablante deja una idea a medias, inicia una frase de una forma y luego se arrepiente y la termina de otra, etcétera. Estas vacilaciones quedan perfectamente recogidas mediante el uso de los puntos suspensivos.

Por eso, los diálogos creados con intención literaria abundan en este recurso. En el ejemplo inmediato los puntos suspensivos representan una serie de frases entrecortadas que acompañan a la acción: se trata del padre prefecto que expulsa al niño Rafael Alberti del colegio:

—[...] Así que... Vamos... No me harás que te lo repita... El gabán, la gorra, los libros... Tu tía habló ya conmigo...

Todos los puntos supensivos son de Alberti, menos los primeros, entre corchetes, que son míos: los trataremos en el capítulo 19.

Pero el auténtico reino de los puntos suspensivos (y de las admiraciones) fue sin duda el Romanticismo. Esa época de expresión sin barreras de las emociones del alma encontró en ellos un eficaz aliado ortográfico, que además se podía modular en función de la cantidad de *pathos* que se quisiera inducir en cada esquina del texto. Sí: en el siglo XIX los puntos suspensivos no eran obligatoriamente tres, como ahora, sino que su extensión podía variar en función de la pasión o emoción (o algún otro factor que hoy se nos escapa) de cada frase. Veamos un fragmento de una obra teatral publicada en 1848 —titulada oportunamente *¡Un divorcio!*—, en el que los puntos son tres, cuatro, cinco o seis:

> ¡Tiemblo de interrogar el corazón de Eduardo!... ¿Todo está allí!.... ¡Si él dejase de amarme!...... ¡Oh! Desechemos esta idea.... Para mí no hay en la vida más que el amor de Eduardo..... Nada..... ni mi mismo hijo..... Allí está..... enfermo..... y siendo su madre no puedo acercarme a él......

(El lector habrá reparado en que hay una frase abierta con interrogación y cerrada con admiración: resolveremos el enigma en el capítulo 12).

Lamentablemente, la estandarización ortográfica nos ha privado hoy de recurso tan adecuado para representar los grados de la emoción (o del temor, duda, perplejidad, pudor o reticencia). Los puntos suspensivos se estabilizaron en el número de tres, aunque hasta hace relativamente poco podían ser cinco para cajas o anchuras de texto grandes. Sin embargo, basta asomarse a la producción escrita de personas sin demasiada cultura (como en el ejemplo inmediato de una web de chistes) para ver cómo —aparte de la ausencia de mayúsculas, de acentos y de rayas de diálogo— afloran hasta diez puntos suspensivos, que tampoco respetan la norma de dejar un espacio tras ellos:

Estaba Pepito con Juanito y le pregunta..........que le pediras a santa en esta navidad? Pues.......una bici, unos patines, un balon, un play station, unos palillos chinos etc.... y tu que le vas a pedir pepito?

Y por cierto: los tres puntos suelen representarse en tipografía con una sucesión de puntos más pequeños y más juntos que los normales. En algunas opciones del procesador de textos de un ordenador el programa cambia automáticamente las tres pulsaciones de la tecla punto por el signo de los suspensivos, que ocupa el espacio de un solo carácter.

10

(¡QUÉ BIEN/MAL
PUNTUABA CERVANTES!)

(El lector a quien le preocupen poco los avatares históricos de nuestra puntuación tiene perfecto derecho a saltarse este capítulo).

Pues bien: ahora que hemos acabado una primera parte del recorrido —los signos propiamente de puntuación— podemos hacer un pequeño alto que tiene por objeto básicamente desconcertar al lector... para luego volver a tranquilizarle.

¡Qué bien escribía Cervantes! ¡Qué matices podemos encontrar en su inmortal *Quijote*, que leemos en una edición moderna!:

> En un lugar de la Mancha, de cuyo nombre no quiero acordarme, no ha mucho tiempo que vivía un hidalgo de los de lanza en astillero, adarga antigua, rocín flaco y galgo corredor.

¡Pero un momento, un momento...! Vayamos a la primera edición (Fig. 3):

 N Vn lugar de la Mancha, de cuyo nombre no quiero acordarme, no ha mucho tiempo que viuia vn hidalgo de los de lança en aſtillero, adarga antigua, rozin flaco, y galgo corredor. Vna olla de algo mas vaca que carnero, falpicon las mas noches, duelos y quebrátos los Sabados, lantejas los Viernes, algun palomino de añadidura los Domingos: confumian las tres partes de fu

Fig. 3. Comienzo del primer capítulo del *Quijote*

Pasemos por alto la curiosa ortografía de las palabras, que el editor claramente ha modernizado (por suerte para nuestra lectura), y concentrémonos en la puntuación: en una enumeración que ya se ha hecho famosa, ¡Cervantes escribió una coma antes de la conjunción *y*!: «rocín flaco, y galgo corredor». ¡Y esa coma nos la han hurtado los editores modernos! Una cosa es que hayan cambiado «vn» por «un» para nuestra comodidad, y otra cosa es que le quiten una coma a... ¡Cervantes!

Resolveré rápidamente la cuestión, para no incomodar más a la paciente lectora (o lector): durante un larguísimo periodo de tiempo, que llega prácticamente hasta nuestros días, el responsable último de la puntuación no fue el autor, sino el *componedor* (que en la primera imprenta, como el propio nombre indica, componía los libros letra a letra) o el corrector. No se ha conservado el texto a partir del cual se compuso el *Quijote* —lo cual está dando de comer a incontables promociones de estudiosos—, pero en los manuscritos que nos han llegado vemos que Cervantes no usaba coma, ni punto y coma, ni dos puntos. ¿Por qué? En buena medida, porque los autores de la época confiaban la puntuación a la imprenta (aunque hubo alguno que la cuidó personalmente, como Quevedo). Y las imprentas —dependiendo del momento— tenían distintos usos; por ejemplo: poner coma ante la *y*. Y —lo que es peor— hacían uso de los recursos de puntuación de forma inconsistente...

¿Qué tiene que hacer entonces el editor moderno con el texto de una edición del Siglo de Oro?

Para hacernos una idea veamos el primer capítulo del *Quijote* (Fig. 4). El lector no necesita leer las páginas; sólo tiene que *mirarlas* como si fueran cuadros. ¿Qué ve, aparte del arranque del primer capítulo y el comienzo del segundo?: una sucesión de bloques cuadrados... ¿No le sorprende?

¡Un momento! No hay ni un punto y aparte en todo el capítulo... Pero las ediciones modernas incluyen nueve.

Fig. 4. Vista general del primer capítulo del *Quijote*

Para ver la metamorfosis con un poco más de detalle, vamos a fijarnos en el penúltimo párrafo —actual— del capítulo y en lo que le rodea (las cifras a la izquierda numeran las líneas de cinco en cinco):

[...] Decíase él:
—Si yo, por malos de mis pecados, o por mi buena suerte, me encuentro por ahí con algún gigante, como de ordinario les acontece a los caballeros andantes, y le
5 derribo de un encuentro, o le parto por mitad del cuerpo, o, finalmente, le venzo y le rindo, ¿no será bien tener a quien enviarle presentado, y que entre y se hinque de rodillas ante mi dulce señora, y diga con voz humilde y rendida: «Yo, señora, soy el gigante Caraculiambro, señor
10 de la ínsula Malindrania, a quien venció en singular batalla el jamás como se debe alabado caballero don Quijote de la Mancha, el cual me mandó que me presentase ante la vuestra merced, para que la vuestra grandeza disponga de mí a su talante»?
15 ¡Oh, cómo se holgó nuestro buen caballero cuando hubo hecho este discurso, y más cuando halló a quien dar nombre de su dama! Y fue, a lo que se cree, que en un lugar cerca del suyo había una moza labradora de muy buen parecer [...]

La aportación del editor moderno ha sido la siguiente (pasaremos por alto, para no complicar —aún más— el panorama, la introducción y supresión de comas):

1. creación del punto y aparte tras «él:»
2. raya de inicio de diálogo (o, en este caso, de monólogo)
6. apertura de interrogación ante «no»
7. supresión del cierre de interrogación que figuraba tras «presentado»

9. apertura de comillas ante «Yo»
14. cierre de comillas tras «talante»
14. cierre de interrogación tras «talante»
14. creación de punto y aparte tras «talante»
15. apertura de admiración ante «Oh»
17. cierre de admiración tras «dama»
17. sustitución de los dos puntos tras «dama» por un punto y seguido

Pues sí: la composición del *Quijote* (como la de muchas obras de su época: en el capítulo 6 hemos visto lo que ocurrió con Fray Luis de León) no usaba apenas puntos y aparte. Ni siquiera para los diálogos, que estaban sumergidos en el texto circundante, y no tenían rayas que marcaran ni el inicio de cada personaje, ni los incisos dentro del diálogo. La primera edición que dividió en párrafos el *Quijote* fue la que publicó el dramaturgo Juan Eugenio de Hartzenbusch (1862), de modo que la obra circuló durante un cuarto de milenio como un bloque compacto de texto... ¿Cómo pudieron aclararse entretanto los lectores?

La respuesta es que la mayoría del público de la época de Cervantes no era lector, sino *escuchador* de libros. La lectura colectiva en voz alta era la forma prioritaria por la que los libros llegaban a su destinatarios. Y —recordémoslo— igual en ausencia de puntuación que con una puntuación imperfecta, la mejor forma de entender un texto es leerlo en voz alta.

Volvamos a la pregunta inicial: ¿qué se puede hacer hoy en día ante un texto lejano en el tiempo, puntuado de forma inconsistente por la imprenta que lo editó, y con un autor que no se preocupaba por esas cosas? La respuesta tiene que pasar por conocer qué quería Cervantes con el *Quijote*, y por suerte lo sabemos: la había escrito «para universal entretenimiento de las gentes». Y el editor moderno tiene que procurar proporcionar un texto que no rechine ante nuestros ojos de principios del siglo XXI, y facilitar su lectura... aunque sea a costa de reinventar, prácticamente, toda su puntuación.

11

LA DUDA

En este capítulo y el siguiente vamos a tratar algo que en rigor no son signos *de puntuación* (aunque los llamen así), sino *de entonación:* la exclamación y la interrogación.

Cuando un hispanohablante —o, mejor dicho, hispanoleyente— se asoma por primera vez a otras lenguas, siempre se sorprende al comprobar que por ahí fuera los signos de interrogación y de admiración se cierran, pero no se abren. Lo vemos en Dickens y en George Perec:

"How old is that horse, my friend?" inquired Mr. Pickwick.

Quel homme est enfermé dans quel château de cartes? Quel fil! Quelle Loi?

En español ocurría lo mismo hasta bien entrado el siglo XIX, como en este diálogo humorístico del XVIII, muy extendido en su época:

Rey. Quién eres tú? Quándo naciste? Y de qué tierra eres?
Bert[oldo]. Yo soy un hombre, nací cuando mi madre me parió, y mi tierra es este mundo.

¿Cómo saben los ingleses actuales (o los españoles de antaño) cuándo tienen que empezar a admirarse? ¿Cuándo deciden que alguien está preguntando algo? La verdad es que, en lo que respecta a la interrogación, lenguas como el inglés marcan muy bien el comienzo de una frase, mediante partículas o utilizando un verbo auxiliar. En español, sin embargo, una misma frase puede ser perfectamente enunciativa, admirativa o interrogativa sólo con que cambie el tono en que se dice:

El niño va al colegio solo.
¡El niño va al colegio solo!
¿El niño va al colegio solo?

Este hecho hizo que la Academia en la segunda edición de su *Ortografía* (1754) recomendara la utilización de nuevos símbolos: la apertura de admiración y de interrogación. La elección de qué signo utilizar no fue sencilla:

La dificultad ha consistido en la elección de nota [es decir, de signo]: pues emplear en esto las que sirven para los acentos y otros usos daría motivo a equivocaciones, y el inventar nueva nota sería reparable y quizás no bien admitido. Por esto después de un largo examen ha parecido a la Academia se pueda usar de la misma nota de interrogación, poniéndola inversa antes de la palabra en que tiene principio el tono interrogante, además de la que ha de llevar la cláusula al fin de la forma regular [...]

La verdad es que el signo de interrogación ya había sido objeto de preocupación. Por ejemplo, hay preguntas que no esperan una respuesta, como: «¿Cuántas veces te he dicho que recojas el cuarto?» (se llaman *interrogacio-*

nes retóricas), y otras que piden una: «¿Qué hora es?». En el siglo XVI Alejo Venegas propuso reservar el signo sólo para éstas: «Y porque interrogar se puede entender de muchas maneras, sola aquella pregunta tendrá señal de interrogante que tuviere necesidad de respuesta para que la sentencia quede perfecta». Por aquella misma época, en Inglaterra se propuso marcar las interrogaciones retóricas con esta variante del signo:

⸮

Sin embargo, y a pesar de su indudable utilidad, la invención no prosperó...

El nacimiento del signo de interrogación se suele situar en el manuscrito de la reforma carolingia (véase el capítulo 1). En su primera forma el trazo curvo se elevaba hacia arriba; es decir: era algo más o menos así:

Su origen se atribuye a la notación musical, e indicaría que en la frase el tono se eleva. Si esto es así, nos encontraríamos ante el cruce entre los principales sistemas que han intentado fijar por escrito el devenir sonoro: el texto y la notación musical. También hay quien cree que el signo viene de la abreviatura de la letra *q*, que en latín encabeza la palabra *quaestio* o tal vez *querio*, utilizadas para indicar una pregunta.

Cuando en español se empezó a usar la interrogación inicial, no siempre estuvo muy claro cómo hacerlo; veamos la regla que daba un manual de ortografía de hace casi un siglo (el lector no debe tomar como ejemplo la puntuación del párrafo):

> Este signo se coloca al final de lo que ha de leerse en tono de pregunta si tiene poca extensión (1.º); y antes y después, si fuese algo largo (2.º) o empezase en medio de la frase (3.º) [...].
>
> *Quién sois?* (1.º) *¿Sabré a quién buscáis?* (2.º)
> *Decidme ¿que pretendéis?* (3.º)

El hecho de que el español sea la única lengua que utilice los signos de apertura ha provocado algunos desajustes en esta era de mediación tecnológica en la escritura: los primeros teclados de máquina de escribir no los tenían, y cuando luego los incorporaron aparecieron en lugares extraños. Todavía hoy en el teclado del ordenador en uso en España la apertura de admiración y de interrogación aparecen a la derecha del todo y sus respectivos cierres están a la izquierda (es decir, en la posición opuesta a la que tienen en el texto); sin embargo los paréntesis siguen el orden lógico.

Si atendemos al universo digital, nos encontramos con que estos signos de apertura están ausentes del sistema de caracteres ASCII (igual que la eñe o que las vocales acentuadas), lo que hace que queden fuera de determinados sistemas de correo electrónico, o que los ignoren ciertas impresoras. Naturalmente, un mínimo cuidado por parte de las personas que gestionan esos sistemas puede hacer que utilicen todos los signos propios de nuestra lengua, porque ello no supone ningún problema técnico...

El signo de interrogación —igual que el de admiración— sirve de por sí como cierre de una oración, sustituyendo al punto (como regla mnemotécnica, podemos acordarnos de que ambos cierres ya incluyen un punto, de modo que no hace falta otro). De ese modo, puede haber párrafos compuestos enteramente por frases interrogativas, que no contengan ni un solo punto. Hablando de la novela española de su tiempo (mediados del siglo pasado), el escritor Tomás Salvador alabó a su colega Miguel Delibes, pero señaló que le perjudicaba «la visión provinciana». Ésta fue la respuesta, un tanto exasperada, de Delibes, articulada sólo mediante interrogaciones:

> ¿Quiere decir Tomás Salvador que mis novelas suelen discurrir en una capital de provincia? ¿Es esto malo? ¿O quiere decir que los protagonistas de mis libros suelen ser gente modesta o, a lo sumo, pequeños burgueses, pero nunca gente de esa que ha dado en llamarse gente de mundo? ¿Cree Tomás Salvador que yo sería mejor novelista si viviese en Madrid? ¿Es posible que piense que una auténtica visión del mundo no la proporcionan sino las grandes capitales?

Normalmente las frases interrogativas tienen una personalidad tan clara que cuando van insertadas en un parrafo enunciativo deben separarse claramente del resto. En este texto de Ferlosio han tomado la forma de un paréntesis resuelto mediante rayas:

> El anonadamiento cultural se ha reducido a defender fetiches: la che, la elle, la eñe y el gran insulto de las carreteras: pero en esa cruzada por el toro de Osborne —¿patología social o perversión estética dolosa?— el culto a la fealdad viene virando hacia la estupidez.

En este diálogo de Eduardo Mendoza, la interrogación se ha separado de la frase que la precede mediante una coma.

> —Digo yo que por qué no nos mandarán a perseguir chavalas en vez de cucarachas, ¿eh, tú?

Fijémonos que en este caso el vocativo «tú» (que, como sabemos por el capítulo 6, va entre comas) se ha mantenido dentro de la interrogación: si pronunciamos la frase en voz alta nos daremos cuenta de que, en efecto, forman parte de una misma unidad de entonación.

¿Qué ocurre con las interrogativas que se unen a otras frases, por ejemplo mediante conjunción? Vamos a comparar tres interrogativas precedidas por *pero*, que aparecen en tres contextos bien distintos. En esta novela, Vargas Llosa opta por no poner nada:

> Se moría por mí. Pero era oscurito y decían que de madre haitiana. No eran prejuicios, pero ¿y si mi hijo daba un salto atrás y salía carbón?

Esta página del manual de un programa la separa mediante una coma:

> Esto es ideal para una página web personal o de una pequeña empresa, donde la web no es muy grande o no varía mucho. Pero, ¿y si tiene que variar una página cada día?

También nos podemos encontrar puntos suspensivos, como en este cuento:

> Si me voy antes, ya no me ve, y que me busque después. Pero... ¿y si no me busca?

La razón de estas diferencias es que realmente puede haber muy distintos énfasis en este tipo de frases, y muy diversos tipos de pausas ante la interrogación. Para mí las tres soluciones que hemos visto representarían tres gradaciones de pausa, de menor a mayor.

A veces es un problema decidir qué forma parte de la interrogación: en las oraciones anteriores, *pero* se ha considerado claramente fuera de ella. Las interrogativas normales, aunque sean largas, tienen una puntuación evidente:

>¿Dónde has puesto el pañuelo verde estampado que te regalé en tu cumpleaños?

Pero si se altera su orden la parte interrogativa de la oración sólo será aquella en la que aparece la partícula interrogativa: *dónde* (para decidir en estos casos dónde comienza la interrogación es útil pronunciar la frase en voz alta):

>El pañuelo verde estampado que te regalé en tu cumpleaños, ¿dónde lo has puesto?

Al igual que veremos que ocurre con la admiración (capítulo 12), el signo de interrogación puede multiplicarse para aumentar su efecto. En el ejemplo inmediato veremos un caso extremo (de una web de chistes). Como es frecuente en las zonas de Internet de acceso indiscriminado y estilo descuidado —y por supuesto por influencia del inglés—, se escribe únicamente el signo de cierre. En este caso la interrogación se ha reforzado repitiéndola hasta nueve veces, y a ello se ha sumado la prolongación de la vocal. El resultado es la perfecta reproducción del tono y la duración de la típica pregunta molesta infantil:

un queeeeeeee????????? y que es esooooooo?????

Si recapitulamos los usos que hemos observado veremos que este signo no sólo expresa la interrogación que le da nombre, sino también incredulidad, duda, extrañeza, recelo, ...

12

EL PASMO

El signo de *admiración* (o de *exclamación*, como también se llama)

es una línea derecha sobre un punto, komo una *i* buelta para abajo: y sirve de señalar, kuando nos admiramos. Xesús, ke gran mal!

Gonzalo Correas hizo esta descripción en 1630, y —por cierto— en su *Ortografía kastellana nueva i perfeta* planteó una reforma de nuestra escritura que le acerca extraordinariamente a determinados usos contraculturales de hoy: «Espero ke la esten pasando tan bien como yo en esta pagina. En fin... Yo solo kiero ke [...]».

Hoy —igual que hace cuatro siglos—, la admiración sirve para expresar los sentimientos, como la compasión en esta transcripción de una telenovela:

—¡Pobre Ramona! Me imagino cómo se debe estar sintiendo.

Aunque puede tratarse también de sentimientos de alegría:

¡Ay, que viene mi padre!

Precisamente hay quienes creen que el signo vino de una abreviatura (como veíamos con ? en el capítulo anterior): la de la palabra latina *io*, 'alegría'. El signo actual parece que se introdujo en el siglo XIV, aunque ya en nuestra escritura visigótica se usó para la exclamación un signo más o menos así: ⊙.

Cuando aparece una interjección normalmente deben acompañarla signos de exclamación, como en estos dos casos de Emilia Pardo Bazán:

—Querer, quiero... ¡Ay! Quise desde que fui así, pequeñita... Pero, ¡bah!, ¡no puedo!

Y también puede usarse para expresar un deseo vehemente, como hace aquí García Márquez:

Flora Miguel lo esperaba en la sala, verde de cólera, con uno de los vestidos de arandelas infortunadas que solía llevar en las ocasiones memorables, y le puso el cofre en las manos.
—Aquí tienes —le dijo—. ¡Y ojalá te maten!

En el diálogo de una narración (o en una obra de teatro), el autor puede modular la expresión de sus personajes con distintos pesos de la admiración, como hace Ferlosio en *El Jarama*, cuando su personaje pasa del improperio a la orden:

—¡¡Sinvergüenza!!
Había aparecido Faustina en el jardín.
—¡¡Pedazo de sinvergüenza!! —llegó a él—. ¡Traiga ese bicho!

En otras ocasiones el autor pone en marcha distintos grados de expresión (por ejemplo: ausencia de exclamaciones, uso del signo simple y signo doble), como hace la protagonista de Delibes que interpela a su marido muerto:

> [...], anda, por favor, mírame, un momento, sólo un segundo, una décima de segundo aunque sólo sea, te lo suplico, ¡mírame!, que yo no he hecho nada malo, palabra, por amor de Dios, mírame un momentín, aunque sólo sea un momentito, ¡anda!, dame ese gusto, qué te cuesta, te lo pido de rodillas si quieres, no tengo nada de qué avergonzarme, ¡te lo juro, Mario, te lo juro! ¡¡te lo juro mírame!! ¡¡que me muera si no es verdad!!

Fijémonos en las tres últimas frases entre admiraciones: no llevan otra puntuación entre ellas, y las tres empiezan por minúscula. Eso no es lo más normal hoy en día: si damos al cierre de la admiración el valor de un punto la siguiente oración debería empezar por mayúscula, y si no, las frases deberían estar separadas al menos por comas.

Si bien utilizados son un recurso imprescindible, su uso es enojoso cuando no viene al caso: «los signos de admiración se han hecho insoportables en cuanto gestos de autoridad con los que el escritor trata de poner desde fuera un énfasis que el asunto mismo no ejerce», se quejó el filósofo alemán Adorno.

La verdad es que hay exclamaciones de tipo muy distinto; basta comparar estas dos frases: «¡Tienes una mosca en la sopa!» y «¡Está ardiendo la casa!». Según estamos viendo —y como ocurría también con la interrogación—, la admiración se multiplica para aumentar su efecto. Doble puede servir, por ejemplo, como signo de escándalo; éste es el título de un panfleto racista:

¡¡ALARMA NEGROS
alarma negros!!

El Romanticismo hizo un extenso uso de este recurso, como se ve en este poema de Espronceda:

Al que hoy miras jugar inocente,
Maldecido cual yo y delincuente
También verás!!!!!

Y también sirve —haciendo honor a uno de sus nombres— para expresar admiración:

estas muy guapa, ese escote es superfavorecedor!! enhorabuena, estas preciosa!!!!!!!

Este ejemplo proviene de un foro de la Web, y como ocurre con muchos de ellos (sobre todo aquellos en los que participan adolescentes) la forma no está muy cuidada. En este caso, en concreto, faltan los acentos y se practica un uso que se está extendiendo (por causa del inglés) que es poner sólo el cierre de la admiración. Además, y dado el alto grado de excitación de la firmante, se han requerido no una, ni dos admiraciones, ni cinco como Espronceda, sino... ¡¡siete!!

Si recapitulamos los matices a los que da expresión el signo de admiración descubriremos que se trata de un abanico muy amplio: advertencia, insulto, ruego, orden, afirmación enfática, deseo, súplica, alegría, sorpresa, compasión, dolor, admiración... ¿Qué tienen en común estos sentimientos? Que se alejan del tono neutro del discurso. Pero en cuanto a su contenido preciso, quizá no se pueda decir más que lo que señalaba la *Ortographía* académica en 1741, que el signo «sirve para notar este afecto [la admiración] o cualquier otro del ánimo»...

Y sin embargo: ¿la exclamación no puede indicar también sencillamente una elevación en el volumen de la voz? Eso es lo que ocurre en este relato de Arguedas:

—[...] ¡Oiga, amigo, oiga, pues!

Y si hay un signo que expresa una elevación de la voz, ¿no debería haber otro para el susurro? Se ha propuesto utilizar el más como signo doble (+ +). Así sería un diálogo de Jardiel Poncela con este nuevo signo:

—¡Qué ocurrencia! Todos los bandidos de España son personas decentísimas.
—+Sí, sí; eso he oído yo decir siempre...+ —susurraba Stappleton, avergonzado de su mal pensamiento.

Cuando la admiración se intercala en una frase, normalmente se aísla mediante la puntuación, como en este famoso verso de Rafael Alberti:

Yo nací —¡respetadme!— con el cine.

(Algo semejante ocurría con la interrogación, como vimos en el capítulo 11). Sin embargo no es raro ver en la escritura periodística, o en contextos a los que se quiere dotar de una agilidad especial, que la frase admirativa se inserta directamente:

> Ellos no son expertos, sino afectados que se rebelan contra el peaje inhumano que ¡cada día! se cobra en España 17 vidas, deja 350 personas heridas.

Hemos tratado en paralelo la admiración y la interrogación, y la verdad es que estos signos tienen en común más de lo que parece... En los orígenes de la puntuación moderna un solo signo, ?, cumplía las funciones de ambas. Esa situación estaba aún plenamente vigente en nuestro siglo XVI.

Lo cierto es que hay veces en que una expresión es al tiempo exclamativa e interrogativa. ¿Cómo marcar este carácter mixto? Hasta hace relativamente poco se resolvía con la siguiente regla, que tomamos de un manual de tipografía de hace setenta años:

> Adviértase que hay frases que tienen ambos sentidos, interrogativo y admirativo, o viceversa: lo cual obligará a mezclar, según el caso, ambos signos:
>
> *¿Quién puede esto sufrir, Dios de clemencia!*

Pero lo más normal hoy en día es abrir y cerrar los dos signos, con la única precaución de hacerlo en el orden debido (por ejemplo, nunca así: ¡¿ !?). Es un recurso útil, y podemos verlo empleado en lenguaje que refleja situaciones vivas, como encontramos de nuevo en *El Jarama*:

Daniel pegó un respingo cuando Lucita le tocó en el brazo con el vidrio mojado de la botella:

—¡¿Qué?!

Este tipo de frases, así como las que indican incredulidad o reproche («Pero... ¿¡de veras te vas a comprar estos zapatos!?»), o interrogación unida a la amenaza («¿¡Quién ha dejado el helado fuera de la nevera!?») no son tan infrecuentes. Eso provocó que el diseñador neoyorkino Martin Speckter creara en 1962 un nuevo signo, fusión de los dos preexistentes, y que ha sido —que yo sepa— la única propuesta moderna de innovación de un signo de puntuación que ha gozado de cierta acogida:

No podemos decir que esta mezcla fuera un prodigio de imaginación. Su nombre —elegido entre las distintas propuestas que hicieron los lectores de una revista de tipografía— fue *interrobang* (*bang* era el nombre del signo de admiración en la jerga de los tipógrafos americanos). El nuevo signo —creado para la publicidad— no se extendió, realmente, aunque llegó a figurar en el teclado de alguna máquina de escribir, y está incluido en uno de los subconjuntos de símbolos del sistema operativo Windows.

13

ENTRE COMILLAS

Cuando se quiere separar el texto principal de otro de una procedencia distinta o al que se le quiere dar un significado especial se usan las comillas. Éstas pueden tener tres formas: comillas latinas (« »), inglesas —aunque para muchas personas se han convertido en las *normales*— (" ") y sencillas (' '). Todos son signos dobles: es decir, se tienen que abrir y cerrar; además, tienen una forma distinta para la apertura y para el cierre: todo ello como ocurría con el paréntesis. Igualmente, se *pegan* a la frase que contienen, dejando espacios sólo antes de la apertura y después del cierre. El nombre de *comilla*, por supuesto, es el diminutivo de *coma*.

Las comillas tradicionales en español siempre han sido las latinas (a las que he oído llamar también *de sargento*, por su parecido con unos galones: « »), pero van desapareciendo por dos motivos: porque algunos editores han dejado de usarlas —sustituyéndolas sistemáticamente por las inglesas (y eso se ve sobre todo en la prensa)—, y porque muchos teclados de ordenador no las tienen y uno debe conseguirlas a través de comandos complejos, como Insertar/Símbolo o Ctrl + acento grave seguido de > o <. Si uno escribe con un juego de caracteres restringido (como ocurre en documentos de texto o en correo electrónico sin formato), no habrá grandes refinamientos tipográficos, y las comillas latinas deberán fabricarse con los signos matemáticos *menor que* y *mayor que* repetidos (<< >>).

En el teclado del ordenador —y en el de la máquina de escribir, de donde proviene— aparecen sólo las comillas dobles y la comilla simple, ambas en su forma neutra vertical (que no es de apertura ni de cierre): respectivamente " y ', y en el proceso de la escritura el programa procesador de textos se encarga de convertirlas en la variante de apertura o de cierre, según su posición.

Si tuviéramos que aventurar una definición que resumiera todos los usos de las comillas diríamos que se usan para marcar palabras que el que escribe considera que se producen en circunstancias distintas a las del resto del texto; y eso puede querer decir muchas cosas...

La función de las comillas para *separar* una palabra de las demás que le rodean hace que se utilicen con un propósito muy curioso: la ironía. Veamos un caso típico: en la década de 1960, en pleno franquismo, el Ministerio de Información y Turismo (entonces bajo la dirección de Manuel Fraga) creó un *Boletín de Información Bibliográfica* para contrarrestar los escritos contra el régimen publicados fuera de España. Un número del año 64 contenía la reseña de un libro colectivo y hablaba de sus colaboradores:

Entre ellos, los autores de cierto número de «poemas» (Gonzalo Abad, Rafael Alberti, Julián Andújar, J. M. Caballero Bonald, Jaime Gil de Biedma, Serafín González, Francesco Vallverdú y otros).

Las comillas aquí marcan una separación entre lo que la palabra quiere decir normalmente y lo que significa para el que las cita, es decir: 'todo menos un poema'.

También se usan cuando el autor se ve forzado a usar una palabra a sabiendas de que es incorrecta o inexacta, pero no encuentra otra mejor, como en este ejemplo de un libro de apicultura:

> Es muy importante permanecer siempre serenos. Las abejas, al igual que otros animales, «huelen» nuestro nerviosismo, lo que no favorece su captura.

El escritor cubano Cabrera Infante realizó el ilustrativo ejercicio de ver cómo cambiaba un texto sólo mediante la adición de comillas:

uno
Una prueba de que los pecados, si no más atractivos que las virtudes, son al menos más duraderos es que la diosa Némesis en la antigüedad premiaba a los buenos y castigaba a los malos. Hace rato sin embargo que el nombre es sinónimo de desgracia —y, a veces, de venganza.

dos
Una «prueba» de que los «pecados», si no más «atractivos» que las «virtudes», son al menos más «duraderos» es que la «diosa» Némesis en la «antigüedad» premiaba a los «buenos» y castigaba a los malos. Hace rato «sin embargo» que el «nombre» es sinónimo de «desgracia» —y, a veces, de «venganza».

Por fin, las comillas se usan para indicar que se habla sobre la lengua (lo que los expertos llaman uso metalingüístico), como en este texto de Severo Sarduy:

> [los nudistas] despreciaban a los bañistas cubiertos con la injuriosa denominación de «textiles».

Aquí no se está *usando* «textiles» (igual que se usa, por ejemplo, «bañistas»): las comillas indican que se está hablando sobre la *palabra* «textiles».

En todos los casos vistos hasta ahora se podría haber usado en vez de comillas la letra *cursiva*: tanto para la ironía como para marcar usos especiales de las palabras: «con la injuriosa denominación de *textiles*».

En la ficción, las comillas se utilizan para exponer el pensamiento de un personaje (mientras que las rayas recogen, como sabemos por el capítulo 6, el diálogo). Éste es un ejemplo de una novela de Ernesto Sábato:

> Bajaron lentamente, como quienes no tienen ningún apuro. «¿Apuro de qué?», pensé con amargura.

En inglés el diálogo se pone entre comillas (hemos visto un ejemplo al principio del capítulo 11), y por influencia de esta lengua hay quien las usa también en diálogos españoles, en vez de las rayas. Semejante uso, que fue normal en nuestro siglo XVIII, hoy no tiene ningún sentido.

Las comillas se usan también para otros fines; por ejemplo: el título de una revista se citará en cursiva, pero sus artículos se pondrán entre comillas:

Manuel Altolaguirre, «Desde Quivicán», en *La Verónica* (La Habana), I, 3 (1942).

Estas comillas «de pensamiento» o de cita no son sustituibles por cursiva.

Las comillas simples tienen un uso especializado (que hemos puesto en práctica en este libro): reproducir el significado de una palabra, como vemos en la introducción del diccionario *Redes:*

> No podríamos decir que *destapar* es 'quitar la tapa a algo' o '... de algo', puesto que es perfectamente posible destapar un secreto, un misterio o un escándalo, y sabemos que esas nociones no tienen tapa.

En épocas pasadas se usaban las comillas también para dar realce a las palabras. Vemos en una tienda de los años cuarenta en Barcelona el siguiente rótulo (dejo en éste y en los siguientes ejemplos el tipo de comillas encontradas en el original):

MARMOLES
PIZARRAS
"VIRGINIA BARDOU"

Ese uso se conserva, sorprendentemente, en los carteles manuscritos que se ven en los bares. Por ejemplo, en un bar alicantino (la innecesaria coma ante «o» estaba ahí):

CROQUETAS
"CASERAS"
BACALAO, O JAMÓN

La verdad es que cabría entender que se ofrecen croquetas congeladas disfrazadas de propias... Pero no sólo encontramos este uso, hoy aberrante, en establecimientos hosteleros de baja categoría, sino allí donde brillan el poder y los recursos, como este cajero automático de 4B:

RECARGUE SU TELÉFONO MÓVIL
"SIN GASTOS"
SELECCIONE
"RECARGAS, PAGOS Y OTROS"

Las segundas comillas son adecuadas: se está citando el nombre de una de las secciones, pero ¡las primeras!... Parece que nos están diciendo: «Intente, intente recargar el móvil y ya verá lo que le cobramos...». La verdad es que en el caso del cajero el abuso de las comillas tiene una explicación muy sencilla: su pantalla sólo puede exhibir un estrecho rasgo de recursos tipográficos —por ejemplo, no permite subrayados ni cursivas—, y eso hace que se tomen estas decisiones.

Si prácticamente todos los signos de puntuación tienen un correlato en la pronunciación de la frase —ya sea en la entonación o en sus pausas—, ¿se pronunciarán también las comillas? Vayamos por partes: las comillas irónicas tienen su equivalente en el habla en lo que sería un *tonillo* de advertencia. Si el primer ejemplo de este capítulo se enunciara en voz alta, sería algo así: «Los autores de cierto número de [pequeña pausa] poemas [con tono despreciativo]». Seguro que el conferenciante que hable sobre las abejas hace una pequeña inflexión de la voz (quizás acompañada de un gesto) al decir que «huelen» el nerviosismo humano.

Pero, ¿qué hace uno para indicar oralmente que emplea este signo, y que no quepa ninguna duda? Como ya vimos con los paréntesis en el capítulo 6, uno puede anunciar sencillamente que lo está usando. Por ejemplo, en las declaraciones de un cargo político:

> [Mario] Conde está en un destino especial, de personas que tienen determinados trabajos considerados, entre comillas, de confianza.

14

LAS PALABRAS DEL OTRO

Las comillas pueden señalar también un texto de otra procedencia que insertamos en el nuestro, como en este artículo sobre historia de la imprenta:

> En la Salamanca del XVI era notoria la falta de buenos oficiales impresores, lo que hace que Matías Gast se dirija a Plantino para solicitarle que le envíe un buen fundidor, «que sepa ajustar las matrices y hacer moldes», y que no sea borracho ni inclinado a opiniones heréticas, al que está dispuesto a pagar casi lo que pida.

Por una simple ojeada se sabe que la frase «que sepa [...] moldes» es literalmente del tal Matías Gast, mientras que «que no sea borracho» son palabras del autor.

Si la cita es larga, es mucho más elegante sacarla del texto, y en ese caso se la puede tratar (como estamos haciendo en este libro) como un párrafo independiente, separándolo del anterior y del siguiente, dándole un *sangrado* (o margen a la izquierda) superior al del texto normal, y con un *cuerpo* o tamaño de letra menor. Este procedimiento (que tipógrafos con los que he trabajado llamaban *metido*) es el que usamos para citar un párrafo de Enrique Vila-Matas, que por cierto no incluye puntuación alguna (salvo la final):

> Buena parte de la mañana la pasé en mi cuarto deshaciendo la maleta y bebiendo vodka con pimienta hasta que quedé algo aturdido y tuve que poner mi cabeza bajo el grifo.

Sin embargo, no es nada infrecuente ver, incluso en obras científicas o en páginas web de prestigiosas instituciones, que además de la separación, del sangrado y del cuerpo menor, el texto citado se pone entre comillas o en cursiva, y a veces se suman todos los procedimientos. Obsérvese la monstruosidad —y el derroche— que supone:

> «*Buena parte de la mañana la pasé en mi cuarto deshaciendo la maleta y bebiendo vodka con pimienta hasta que quedé algo aturdido y tuve que poner mi cabeza bajo el grifo*».

Claramente, en puntuación —como en otros muchos terrenos— debe imperar un principio de economía, y no hay que acumular recursos que significan lo mismo...

La distinción entre el texto de un autor y otro texto ajeno que se cita ha recorrido muchos avatares. En Roma, aún sin signos de puntuación, se reconocía una cita por el comienzo *Scriptum est*, 'está escrito', o por intercalar *inquit*, 'dice', tras unas pocas palabras. Las citas de la Biblia constituyen toda una historia por sí mismas: en el siglo VI el texto sagrado se escribía con tinta roja y el comentario con negra. Otras veces se ponía en el margen de cada línea de la cita una especie de comillas primitivas en forma de V invertida o Y, el *diplé*. Lamentablemente, este procedimiento no era muy seguro, y frases enteras de los comentaristas circularon durante décadas como si fueran partes de las Escrituras... Los copistas irlandeses de la Alta Edad Media destacaban en mayúsculas las citas de las Escrituras en medio de un texto en minúsculas.

En el siglo XVII se empiezan a ver comas en alguna de las funciones de las actuales comillas. Su uso estable llega con el siglo XVIII: en sus primeros pasos, las comillas se abren al principio de la cita, se repiten al principio de *cada una de sus líneas* (como para recordar que aún se está en territorio ajeno), y por fin se cierran. Ese procedimiento modernamente se ha abandonado... para retornar en los correos electrónicos. En ellos es frecuente que un correo de respuesta a otro mantenga el texto de este último precedido por una serie de signos de *mayor que* que remiten a las comillas. Lo que sigue es un breve mensaje mío en respuesta a otro, que aparece al final:

```
¡Gracias!
JAM


> ---Mensaje original---
> Enviado el: miércoles, 01 de septiembre
> del 2004 13:45
> Asunto: Re: estoy con las ilustraciones
>
> Va el texto, creo que perfectamente
> corregido,
> pendiente de que quieras redactar algo
> más. Un abrazo.
```

Las comillas son los únicos signos dobles que pueden traspasar los férreos límites marcados por el punto y aparte, y su efecto puede extenderse a lo largo de párrafos enteros. Entonces hay que usar un antiguo recurso que son las *comillas de seguir*: un cierre de comillas que se repite al *comienzo* (y no al final) de cada párrafo en que se divide la cita. Voy a citar usando comillas —es decir: sin usar el *metido* o párrafo sangrado, como he hecho habitualmente— tres párrafos de una obra de Menéndez Pidal:

«Vamos a tratar los orígenes de la lengua española desde un punto de vista nuevo.

»Aldrete en el siglo XVII y Mayans en el XVIII escribieron sendos libros sobre esos orígenes, pero ninguno de los documentos que aquí vamos a utilizar fue conocido por ellos [...].

»El estudio del español como lengua documentada por escrito empezaba hasta hace no mucho con los tardíos manuscritos de las obras literarias compuestas hacia 1200 [...]».

Esa comilla tan curiosa (parece ir «contra dirección») es una forma económica de recordarnos que lo que sigue es la continuación de una cita. Pero también se usa para marcar el segundo o sucesivos párrafos de un diálogo que se ha abierto, como siempre, con raya. El diálogo se cerrará normalmente, con un punto o signo equivalente, pero el final de la cita tendrá comillas de cierre.

Todas estas convenciones, cuidadosamente establecidas a través de siglos, pueden revelarse inútiles cuando llegamos a un terreno en el que el autor es el único dueño y señor: las obras de ficción. En efecto: ¿qué le impide a un escritor inventarse páginas enteras, entrecomillarlas cui-

dadosamente y atribuirlas a otro? Nada. Pero en el fondo, nunca podemos estar seguros del todo...
Rafael Sánchez Ferlosio comienza y acaba su novela *El Jarama* con unas citas entrecomilladas y sin firma. Así empieza la inicial:

> «Describiré brevemente y por su orden estos ríos, empezando por el Jarama: sus primeras fuentes se encuentran en el gneis de la vertiente Sur de Somosierra, entre el cerro de la Cebollera y el de Excomunión. [...]».

Muchos lectores creyeron que estas palabras estaban escritas por el mismo Ferlosio, que había imitado el estilo sólido y pausado de algún tratado decimonónico; y aún más: ¡esta parte resultaba ser la que más les gustaba de la obra! Casi una década después el autor tenía que hacer aclaraciones:

> Como quiera que a lo largo de los nueve años que la presente novela lleva a merced del público han sido no pocas las personas que, creyendo hacer un cumplido a mi propia obra, me han dicho: «lo que más me gusta es la descripción geográfica del río con que se abre y cierra la narración» y visto que las comillas que compañan a esta descripción no surten —a falta de otra indicación, cuya omisión hoy me resulta del todo imperdonable— los efectos de atribución —o de no atribución— deseados, es mi deber consignar aquí de una vez para siempre su verdadera procedencia.

La fuente de las citas (como aclara a continuación) era Casiano de Prado, *Descripción física y geográfica de la Provincia de Madrid*, una obra escrita en 1864...

¿Y cómo distinguimos oralmente una cita de cierta extensión, que un texto recogería entre comillas o en un *metido*? ¿Cómo se separan en una conferencia o en una noticia leída por la radio las palabras del locutor de las de alguien a quien se cita? Una solución es que el hablante dé un salto y se sitúe por un momento *fuera* de su discurso con una pausa y un descenso de tono, diciendo: «Comienza la cita»; luego lea el texto con entonación normal, y termine con un «Fin de la cita».

Hay otro uso, de origen anglosajón, que entre nosotros está cundiendo en intervenciones públicas: el conferenciante anuncia: «... Y ésta fue la respuesta de Fulano», entonces eleva las manos con las palmas hacia el público, flexiona dos veces los dedos índice y medio (creando la imagen visual de unas comillas), lee la cita, y termina con un nuevo gesto de los dedos. Que yo sepa, estamos ante la primera irrupción de una lengua de signos —al estilo de la de los sordos— en el discurso de los hablantes...

¿Y sirve de algo que existan los tres tipos de comillas que hemos visto? La respuesta es que sí, porque nos permiten manejar varios niveles de cita (como muñecas rusas una dentro de otra): si se cita simplemente un texto se usan comillas latinas; si ese texto incluye otras comillas, ésas se ponen dobles o inglesas, y si citamos un texto que ya incluye estos dos tipos utilizaremos las simples. Veamos el proceso en detalle:

Se despidió diciendo: «¡Adiós!».
La frase anterior dice: «Se despidió diciendo: "¡Adiós!"».
La línea precedente dice así: «La frase anterior dice: "Se despidió diciendo: '¡Adiós!'"».

El párrafo anterior dice:

La línea precedente dice así: «La frase anterior dice: "Se despidió diciendo: '¡Adiós!'"».

En fin... estos cuatro niveles de inclusión deberían bastar para reflejar hasta los más retorcidos juegos de citas dentro de citas.

15

(SALTANDO DE LENGUA)

(El lector al que no le apasionen los avatares de la puntuación al cambiar de lengua tiene perfecto derecho de pasar al capítulo siguiente).

Entramos aquí en una nueva dimensión en el tema de la puntuación: la comparación entre lo que hace una lengua y otra.

La verdad es que la mayor parte de la gente piensa que, salvo en cuestiones casi anecdóticas como la apertura de interrogación o el uso de las comillas, básicamente todas las lenguas —todas las lenguas de un área cultural común, como podrían ser el español, el inglés, el francés, el italiano...— puntúan igual. ¿Es eso cierto?

Como la cuestión, planteada así, en abstracto, parece peliaguda, sería tal vez más fácil convertirla en la siguiente: cuando un traductor traduce un texto (una novela, un informe, lo que sea...), ¿debe respetar la puntuación del original, o puede rehacerla, con el fin de dar mejor expresión en la propia lengua? A priori uno se vería tentado a contestar que las comas serán casi con seguridad las que más se resentirán de la adaptación, apareciendo y desapareciendo en el trasvase; que los puntos y comas tenderán a permanecer más, pero que los puntos, y sobre todo los puntos y aparte, tienden a quedarse.

Para tener una idea de lo que ocurría en inglés —la lengua dominante en nuestro mundo—, comparé el original de una de las novelas más buenas (y divertidas) que conozco con su traducción. Se trata de *El hombre que fue Jueves*, del gran escritor inglés G.K. Chesterton (1908), traducida en 1922 por el gran escritor mexicano Alfonso Reyes.

Partiré del texto castellano del primer capítulo y sobre él marcaré entre corchetes lo que presentaba originalmente el texto inglés. La marca Ø significa que el signo anterior no aparece en inglés; las palabras en *cursiva* indican que las introduce el texto español (si están fuera del corchete) o que las tenía el texto inglés (si están dentro de él):

El barrio de Saffron Park —Parque de Azafrán— se extendía al poniente de Londres, rojo y desgarrado como una nube del crepúsculo. Todo él era de un ladrillo brillante; se destacaba sobre el cielo fantásticamente, y aun su pavimento resultaba de lo más caprichoso: [.] obra de un constructor especulativo [,] *y* algo artista, que daba a aquella arquitectura unas veces el nombre de «estilo Isabel» y otras el de «estilo Reina Ana», acaso por figurarse que ambas reinas eran la misma. [seguido]

No sin razón se hablaba de este barrio como de una colonia artística, aunque no se sabe qué tendría precisamente de artístico. Pero si sus pretensiones de centro intelectual parecían algo infundadas, sus pretensiones de lugar agradable eran justificadísimas. El extranjero que contemplaba por vez primera aquel curioso montón de casas, [Ø] no podía menos de preguntarse qué clase de gente vivía allí. Y si tenía la suerte de encontrarse con uno de los vecinos del barrio, [Ø] su curiosidad no quedaba defraudada. El sitio no sólo era agradable, sino perfecto, siempre que se le considerase como un sueño, y no como una superchería. Y si sus moradores no eran «artistas», no por eso dejaba de ser artístico el conjunto. Aquel joven — [Ø *con*] los cabellos largos y castaños, la cara insolente— si no era un poeta, era ya un poema. Aquel anciano, aquel venerable charlatán de la barba blanca y enmarañada, del sombrero blanco y desgarbado, [—] no sería un filósofo ciertamente, [;] pero era todo un asunto de filosofía. Aquel científico sujeto,— [Ø *con*] calva de cascarón de huevo, y el pescuezo muy flaco y largo—[Ø]claro es que no tenía derecho a los muchos humos que gastaba: [.] no había logrado, por ejemplo, ningún descubrimiento biológico; pero ¿qué hallazgo biológico más singular que el de su interesante persona? [seguido]

Así [,] y sólo así [,] había que considerar aquel barrio: [;] no taller de artistas, sino obra de arte, y obra delicada y perfecta. Entrar en aquel ambiente era como entrar en una comedia. [aparte] Y sobre todo al anochecer [...]

A primera vista lo más destacado es que Alfonso Reyes dispuso con bastante libertad de la estructura del texto inglés: dividió el gran párrafo inicial en tres, intercalando dos veces punto y aparte allí donde había punto y seguido. A cambio, curiosamente, convirtió un punto y aparte en seguido. En un par de ocasiones, además, ligó a la anterior una frase separada por un punto y seguido, sustituyéndolo por dos puntos; en varios lugares introdujo comas y rayas parentéticas donde no las había. Mantuvo en buena medida, sin embargo, las puntuaciones internas de las oraciones (coma y punto y coma).

Una dificultad típica de los textos ingleses es que en esa lengua las rayas no se usan como signo doble para marcar incisos sino que son únicas para iniciar una explicación o recapitulación (que nosotros introduciríamos con punto y coma o dos puntos).

Pero veamos otra curiosa intervención del traductor: reproduzco el fragmento amplio en español (para ver el contexto) y a continuación las dos últimas líneas del original:

—Y la gente ¿qué dice?
—Muy sencillo: dice que somos una alegre tertulia de caballeros que pretenden ser anarquistas.
—Me parece una idea muy ingeniosa —observó Syme.
—¿Ingeniosa? ¡Dios nos tenga en su mano! Conque ingeniosa, ¿eh? [...]

'It seems to me a very clever idea,' said Syme.
'Clever! God blast your impudence! Clever!' [...]

Aparte del normal cambio de convenciones para el diálogo (el inglés usa comillas y el español rayas), lo más llamativo es que en la última línea Alfonso Reyes sustituyó dos admiraciones por sendas interrogaciones, la verdad es que muy oportunamente (recordemos lo que hemos visto sobre la proximidad entre admiración e interrogación en el capítulo 12).

Al ver traducciones de hace tiempo, tengo la impresión de que los traductores solían plantearse su tarea con más libertad que hoy en día, que se muestran más *pegados* al original.

16

EL GUIÓN

Llegamos aquí a un signo muy especial. Si las comas o los puntos actúan en el seno de oraciones o párrafos enteros, el guión tiene un ámbito mucho más recóndito: el interior de la palabra. El guión (-) es más pequeño que la *raya* (—) y que el *menos* (–) que presentamos en el capítulo 6; de hecho, se trata del trazo horizontal más pequeño que manejamos en puntuación. Su nombre viene de *guía*.

Tiene un uso conocido: cortar una palabra a final de línea. No daré las reglas para dividir las palabras por sílabas, porque son bastante claras y aparecen en muchos libros; recordaré tan sólo que conviene evitar que el corte cree palabras malsonantes. Vean qué terribles consecuencias provocó la separación de palabras en un texto de Cabrera Infante:

```
Llamado Mallarmé, a pesar de su enorme pene-
tración crítica y su gusto por un buen cená-
culo, para disipar los desórdenes de caca-
túas literarias por su poema en el viejo Chi-
cago, donde se le leyó muy mal. Fue su ano-
[...]
```

El guión proviene de los signos con que los profesores romanos preparaban un texto continuo para ser leído: separando con una barra (la veremos en el capítulo 19) y uniendo con una especie de guión. En los manuscritos medievales, e incluso en la primera imprenta, para dividir al final de la línea se utilizaron dos trazos paralelos que se elevaban hacia la derecha. Su uso fue vacilante: a finales del siglo XVII un impresor señala que el guión es opcional, pero que se usa «mayormente cuando la primera parte del vocablo dividido significaría de por sí alguna cosa diferente, como Cor-pus» (*cor* en latín es 'corazón').

Por otra parte, el guión es una fabulosa herramienta para crear nuevos términos, y ahí funciona (según decía el maestro Correa en 1630) «como corchete o prendedero» que une palabras. Los compuestos que llevan circulando mucho tiempo por nuestra lengua pueden encontrarse en las obras de consulta, como estos que lista el *Diccionario del español actual*: hombre-lobo, hombre-masa, hombre-objeto, hombre-orquesta, hombre-rana, hombre-sandwich. Algunos de ellos —como *hombre-lobo*— funcionan también sin guión; y, por cierto, el plural se hace siempre sobre el primer elemento: «los hombres-rana».

Pero mediante este humilde signo uno puede acuñar prácticamente cualquier compuesto (siempre y cuando esté justificado por algún motivo), por ejemplo:

> El emperador Maximiliano II es un caso bien conocido de monarca-artífice, como parece haberlo sido Felipe III.

Casos como éste (o cientos de miles más que corren por ahí, y los muchos más que se pueden crear) no figurarán en ningún diccionario.

También en el caso de los prefijos, la presencia de guión marca la novedad de un compuesto, y su falta indica que está implantado. Por ejemplo: *anticlerical* nunca se escribe con guión, mientras que *anti-divorcio* se encuentra con y sin él. Cuando el segundo elemento es una sigla, lo más normal es que aparezca un guión: *anti-OTAN,* porque parece *contra natura* juntar minúsculas y mayúsculas.

Las onomatopeyas que repiten algún elemento suelen separarse mediante guiones, como *tic-tic, tic-tac* o *toc-toc.*

Y por fin, el guión se usa también para marcar que se habla de una parte de una palabra, como la raíz o su terminación. En estos casos se queda vacío respectivamente detrás o delante... o en ambos lugares, si se habla de un elemento que está en el interior de una palabra:

la raíz del verbo es *cant-*
-aba es la terminación
el grupo *-bs-* abunda en palabras cultas

Por cierto: el guión es el único signo que se acentúa, cuando por ejemplo indica que una terminación debe ir precedida de una sílaba acentuada: *-́fago* (como en *bacteriófago*).

Pero el guión no tiene por qué limitarse a unir dos palabras: se puede extender a varias, o incluso a una oración entera, como en un cuento de Manuel Rivas:

Hizo un gesto de apaga-que-me-voy con el brazo y echó a andar.

De nuevo, cuando estas expresiones se han incorporado a la lengua se escriben sin guiones: *correveidile*.
Hay algunos usos del guión que sacan partido de su utilización para dividir sílabas. Si uno quiere reproducir una pronunciación lenta y marcada, que acompaña por ejemplo a una actitud desafiante, puede echar mano de los guiones, como hizo aquí Sánchez Ferlosio:

—No me lo guardo, no señor; lo digo: meter la pata y una chulería. ¿Lo que habéis hecho con el conejo? Una chulería.
Intervino el de Atocha:
—Oye, mira, chico, tú, como te llames; no se han metido contigo, así es que tú tampoco te entrometas a censurar a los demás, ya lo sabes.
—Una chu-le-ría-a.

El recurso funciona, indudablemente. Tal vez tengamos aquí el medio para expresar el «recochineo» que echábamos en falta en el capítulo 1...

17

LA COMA VOLANTE

El *apóstrofo* es un cierre de comilla simple (o una coma elevada, como se quiera) que se coloca para indicar que se ha suprimido alguna letra. No hay que confundirlo con el *apóstrofe*, la figura retórica que para la Academia consiste en «dirigir la palabra con vehemencia en segunda persona a una o varias [personas, supongo] presentes o ausentes, vivas o muertas, a seres abstractos o a cosas inanimadas». Para fijar la distinción en la mente de la lectora (pues no en vano proviene de una web dedicada a la mujer), he aquí el arranque de un inolvidable

APÓSTROFE [con *e*] AL ALCOHOL

Flagelo abominable que en la vida
en el enfermo del carácter clavas
con implacable saña de verdugo
tu ponzoñosa y puntiaguda garra
[...]

Apóstrofo viene de una raíz griega que significa 'apartar', porque el signo se utiliza para señalar las letras —es decir, los sonidos— que se suprimen en determinadas circunstancias. Y aquí vemos dos ejemplos de su uso en la letra de un tango:

> Yo soy de aquellas horas
> que laten dentro'el pecho
> [...]
> aunque muchos se embalurnen
> que soy punto pa' currar.

Las formas completas serían «dentro *d*el pecho» y «pa*ra* currar». Las letras que el apóstrofo suprime pueden ser varias, según vemos, e incluso pertenecer a más de una palabra, como en esta famosa canción:

> Me voy pa'l pueblo

donde «pa'l» sustituye a «*pa*ra *e*l».

El apóstrofo es un recurso para reproducir hablas vulgares o dialectales. Lo que sigue está escrito dentro de un proyecto —tal vez jocoso— de crear una ortografía para el andaluz, que ha echado mano en repetidas ocasiones de este signo:

> Pa dehqribì la pronunziazión 'e toâ lâ letrâ, z'exará mano 'e la qonfrentazión qon er qahteyano.

[Para describir la pronunciación de todas las letras, se echará mano de la confrontación con el castellano].

La verdad es que el apóstrofo está en franco retroceso: si hoy alguien quiere introducir en un texto una palabra a la que le faltan letras lo que hace es escribirla tal y como suena pero en cursiva o entrecomillada, como ha hecho esta periodista al transcribir las declaraciones de una cantante andaluza:

> Era ésa una época testimonial, quería reflejar lo que encontraba en la calle: maduritos interesantes con el corazón *helao*.

En los impresos del Siglo de Oro abundaban los apóstrofos para marcar las *sinalefas*, es decir, la unión de sílabas de dos palabras por necesidades de la métrica. Así se editó en su época, por ejemplo, una canción de Juan Boscán:

> Amor que'n mi pensamiento
> rige, manda, suelta, y prende:
> con tal fuego en mí s'enciende,
> que mi ciego entendimiento
> su mismo dolor no entiende.

(Repárese, por cierto, en un par de características de este ejemplo: la coma ante la conjunción *y* en el segundo verso —que conocemos por el capítulo 9—, y el uso de los dos puntos para lo que hoy sería sencillamente una coma).

El apóstrofo tiene un extenso uso en lenguas como francés o catalán, donde marca también la elisión de vocales (Sant Sadurní d'Anoia). En inglés abunda en el llamado *genitivo sajón:* «John's Bar». El prestigio de esta lengua y el papanatismo de muchos hispanohablantes ha hecho que florezcan por nuestras calles rótulos de establecimientos que acaban en «'s». Se pueden encontrar locales llamados

Pepe's en Lima (Perú), Villa Elisa (Argentina) o Salas de los Infantes (España). ¡Uno casi añora la normativa municipal de Zacatecas (México), que prohibía —y quizás aún prohíbe— el uso de palabras y giros extranjeros en los rótulos!

Otro uso anómalo y heredado del inglés que se le da al apóstrofo + *s* es formar plurales de las siglas. La forma tradicional española de hacer el plural de una sigla era duplicar sus letras (como en EE UU: Estados Unidos). Para indicar Organizaciones No Gubernamentales habría que escribir OONNGG; pero esto nunca se ve: o bien la sigla se deja en singular («las ONG») —que es la solución más razonable—, o se añade una *s* («las ONGs»), a veces precedida de un apóstrofo («las ONG's»). Aproximadamente la mitad de las páginas web españolas optan por la primera solución, y de las que añaden *s*, una décima parte lo hacen con apóstrofo.

En el capítulo siguiente veremos otro uso del apóstrofo con los números.

18

LOS PUNTOS DE LOS NÚMEROS

Algunos signos de puntuación conviven con los números, pero entonces cambia su significado y las reglas gráficas que rigen su uso.
Por ejemplo, la coma; veamos esta expresión:

27,5

Como se sabe, significa '27 unidades y cinco décimas'. Este tipo de coma en cifras, que no admite detrás un espacio en blanco e indica que comienzan los submúltiplos de la unidad, se llama *coma decimal*. La utilización de un punto para ese mismo fin —«27.5»— se considera una copia del inglés (aunque está en uso en amplias regiones de Hispanoamérica). No se recomienda el uso de la coma elevada (o apóstrofo) para este mismo fin: «27'5».
La horas son un caso especial, porque no tienen un sistema decimal, sino en parte duodecimal y en parte sexagesimal (es decir, con base 12 y 60). Hablando de horas «13,33» no significa 'trece y un tercio' sino 'trece y algo más de medio' (y de hecho: 'la una [del mediodía] y me-

dia, pasadas'). Por esa razón parece útil reservar una notación especial para el tiempo: los dos puntos, que aparecieron con los relojes digitales:

13:33

De esta forma, a primera vista ya se sabe que las cifras indican una hora. Reparemos en que estos dos puntos tampoco exigen el espacio tras ellos que tienen cuando se usan en un texto.

El punto marca los millares en las cifras, por ejemplo:

27.500

('veintisiete mil, quinientos'). Sin embargo, es más frecuente señalarlo con un espacio más pequeño de lo normal en vez de con un punto: «27 500». Los números de los años nunca se escriben con punto ni espacio: 2005.

Hablando de años, también es una copia del inglés utilizar el apóstrofo para indicar las décadas: «los '70», o los años: «Mundial '82», «Expo '92». Esta última denominación alude a la Exposición Universal de Sevilla de 1992. Como prueba de lo extraña que resulta esta forma de referirse a los años está el hecho de que los naturales de Sevilla llamaran al evento «la Expó», reinterpretando el foráneo apóstrofo como un acento. En realidad no hay ninguna razón para utilizarlo: se puede escribir sencillamente «los años 70» o incluso, y si se quiere, «la Expo 92».

Las abreviaturas que incluyen número se han formado tradicionalmente también con punto antes de la letra volada; por ejemplo:

1.º 2.ª

por 'primero', 'segunda'. Ésa es la forma clásica, pero, dado que también existen —como hemos visto en el capítulo 7— abreviaturas sin punto, parece difícil reprobar los extendidos «1º» y «2ª» sin punto.

Hasta hace cosa de un siglo era normal que cualquier cifra aislada que se presentara públicamente —por ejemplo el número de una casa— apareciera con un punto al final (ya hemos visto —también en el capítulo 7— que con punto aparecían también los rótulos de los edificios o instituciones). Por ejemplo, así he visto el número de un nicho en un cementerio mediterráneo:

111.

Otros signos de puntuación aparecen asociados a los números. Por ejemplo: el paréntesis tiene su utilidad para agrupar expresiones aritméticas:

$$2+(7:9)$$

('dos más el resultado de dividir siete entre nueve'). Aquí, por cierto, los dos puntos significan 'dividido por', y ninguno de los signos utilizados mantiene los espacios delante o detrás que son preceptivos al usarlos en el interior de un texto.

El cierre de admiración se utiliza con un fin particular: la expresión

$$5!$$

no significa '¡cinco!' con anglicismo o galicismo ortográfico, sino 'factorial de cinco', es decir, el resultado de multiplicar cinco por todos los números enteros menores:

$$5! = 5 \cdot 4 \cdot 3 \cdot 2 \cdot 1 = 120$$

En la expresión anterior hemos visto un nuevo signo: el *punto alto* (·), que se utiliza con el sentido de 'multiplicado por', aunque también se usa en algunas lenguas, como en el catalán («Apel·les»).

Y por último, los guiones se combinan con los números para expresar intervalos, por ejemplo:

$$23\text{-}49, 51\text{-}2, 1939\text{-}41$$

En el caso de que la segunda cifra sea menor que la primera se entiende que se completa repitiendo las cifras necesarias de la primera parte: las dos últimas expresiones significan: '51-52' y '1939-1941'. Pero en caso de que la abreviación de los intervalos resulte oscura es mejor escribir las cifras completas.

Por último, la adición de un cierre de interrogación a una fecha indica que no es segura:

Aldo Manuzio, el Viejo, 1449?-1515

(Tal vez sería más acorde con la tradición hispana esta forma: «¿1449?-1515», pero la verdad es que se ve poco...).

19

ESTRELLAS, TOBOGANES, CÍRCULOS Y ROMBOS

Veremos ahora algunos signos mucho menos utilizados, pero que a cambio tienen formas ricas y evocadoras. El *asterisco* (*) es uno de los más antiguos, ya que su invención se atribuye en el siglo II a. de N.E. a Aristarco de Alejandría, quien lo usó para marcar pasajes que merecían especial atención en las ediciones de Homero. (Por cierto, *Aristarco* es casi un anagrama —una palabra que combina las letras de otra— de *asterisco*).

El nombre significa 'semejante a una estrella', como recordaba Isidoro de Sevilla (siglos VI-VII), quien se ocupó mucho de la puntuación, en sus *Etimologías*. Pero según la tipografía será una estrella de cinco, seis u ocho puntas, redondeadas, cuadradas o afiladas....

Al menos al siglo XIX se remonta el uso de tres asteriscos para ocultar un nombre. El uruguayo Isidore Ducasse, Conde de Lautréamont, veló de esta forma su autoría cuando presentó al público la primera edición de sus *Cantos de Maldoror:*

LES
CHANTS DE MALDOROR
CHANT PREMIER
PAR ***

Ya hemos visto en el capítulo 8 cómo el espacio en blanco crea subdivisiones en el interior de un libro o capítulo; pues bien: el asterisco puede funcionar también remachándolo, como en una novela de Severo Sarduy, dividida en fragmentos de este estilo:

*

Dolor en el fondo de los ojos, como si fuera a nevar, lo cual es aquí imposible. O peor: como si alguien tuviera una muñeca de trapo, a mi efigie, y se divirtiera clavándole alfileres para suscitar mi ceguera y acelerar mi final.

*

(Para el mismo fin se utilizan también con frecuencia tres asteriscos).
Una función usual de este signo en forma de estrella es servir de llamada a una nota al pie, normalmente entre paréntesis: *(*)*.
En condiciones de penuria tipográfica (como documentos de texto, correos electrónicos sin formato, chats, etc.) las palabras que normalmente irían en cursiva, negrita o subrayadas se colocan entre asteriscos —que se convierten así en un signo doble:

```
Espero que me lo mandes *muy pronto*. Gracias.
```

En los estudios sobre la lengua se usa el asterisco para marcar una frase que no es aceptable; así, en la introducción de un diccionario:

> [...] en las lenguas romances se distingue, como es bien sabido, entre *saber* y *conocer*, distinción bastante compleja y no poco sutil. Es claro que no se dice en español, por ejemplo, **Sé Buenos Aires*, sino *Conozco Buenos Aires*.

Un tipo especial de paréntesis que el lector atento habrá visto en este libro son los *corchetes* o paréntesis cuadrados ([ ]).

Son signos dobles que funcionan exactamente igual que los paréntesis, pero que se utilizan con una función muy específica: insertar dentro de un texto ajeno algo que no estaba originariamente en él. Los corchetes pueden introducir un comentario externo (como hemos hecho al final del capítulo 6 en una cita de Juan Benet), pero también pueden limitarse a señalar que en un texto citado al pie de la letra se omite algo, y en ese caso alojan solamente unos puntos supensivos ([...]), como se ha visto repetidamente a lo largo de estas páginas. La ortografía académica de 1742 explicaba de forma deliciosa que este uso «denota la legalidad con que se procede no ocultando lo que no se traslada, sino manifestando que se omite de propósito».

La *barra* (/) formó parte —junto con el guión (capítulo 16)— del arsenal básico de signos con que el *grammaticus* marcaba qué palabras debían respectivamente separarse y unirse en la lectura. En el Siglo de Oro la incluyeron algunos sistemas de puntuación, donde ocupaba el papel de la coma.

Hoy en día representa opciones. Aparece sobre todo en la fórmula *y/o*, como en esta web mexicana:

APOYO A FAMILIARES DE PERSONAS
DESAPARECIDAS Y/O AUSENTES

La última frase tiene tres lecturas: «PERSONAS DESAPARECIDAS Y AUSENTES» o «PERSONAS DESAPARECIDAS» o «PERSONAS AUSENTES». Como se ve, la expresión *y/o* deja abiertas demasiadas opciones, y normalmente siempre hay alguna fórmula mejor.

Otras veces su uso está muy cerca del guión, porque actúa combinando elementos:

Podríamos consolarnos diciendo que era un «socialismo/comunismo» que no tenía nada que ver con los que habían soñado y teorizado los clásicos del marxismo;

Fase Sector Infantil/Juvenil 2004

Se usa también para indicar cada línea nueva en que se dividía el original de un texto citado. Así, cuando se cita un poema que se quiere incorporar a un párrafo normal, la barra se usa para separar cada verso, como en este ejemplo de Valente: «Hoy he amanecido / como siempre, pero / con un cuchillo / en el pecho. Ignoro / quién ha sido, / y también los posibles / móviles del delito». El pobre resultado que se obtiene en este tipo de cita recalca la importancia que tienen para la poesía los blancos y la distribución espacial...

Cuando la barra es vertical se llama *pleca* (la hemos

visto en uso en el capítulo 1). La barra inversa (\ ) se utiliza sólo en informática para indicar la localización de un archivo en un PC.

Por último, hay toda una constelación de signos: ● ◆ ■ .... Se les llama *bolos, boliches* o *topos,* y tienen por objeto marcar cada elemento de una lista. En el capítulo 3 vimos un tipo, y éste es otro:

Manhattan
- 2/3 de whisky (canadiense o Bourbon a ser posible)
- 1/3 de vermut rojo
- 1 golpe de angostura

Como estos elementos son más bien decorativos, su variedad puede ser muy grande. Si uno no tiene a mano estos signos siempre puede usar un asterisco.

20

LOS TEXTOS SIN PUNTOS

Muchos textos medievales españoles carecen por completo de puntuación: sin ir más lejos, el manuscrito del *Poema del Cid*. A estas alturas el lector ya ha podido tomar contacto con la larga evolución que desde entonces dio lugar al sistema de puntuación moderno. ¿Por qué debería alguien dar marcha atrás y volver a prácticas ya superadas?

Se puede eliminar la puntuación para crear un efecto estético especial. Ése es el caso de algunos movimientos poéticos de vanguardia, como el creacionismo, que podemos ver encarnado en este fragmento de un poema de 1931:

> Soy desmesurado cósmico
> Las piedras las plantas las montañas
> Me saludan Las abejas las ratas
> Los leones y las águilas
> Los astros los crepúsculos las albas
> Los ríos y las selvas me preguntan
> Qué tal cómo está Ud.?

Estos versos pertenecen al poema *Altazor o el viaje en paracaídas,* del poeta chileno Vicente Huidobro. Están despojados de prácticamente todos los signos de puntuación (salvo un punto de abreviatura y un cierre de interrogación al final), pero aún conservan algunos hitos que permiten reconstruir las intenciones de sentido y ritmo del poeta: los blancos que indican el corte de línea o el uso de la letra mayúscula en el tercer verso.

¿Por qué prescinde Huidobro de puntos, comas...? Lo explica en una entrevista:

> Creo que la puntuación era necesaria en los poemas antiguos, eminentemente descriptivos y anecdóticos y de composición compacta; pero no así en nuestros poemas en los cuales por razón misma de su estructura y dado que las diferentes partes van hiriendo distintamente la sensibilidad del lector, es más lógico cambiar la puntuación por blancos y espacios.

Borges, que militó en movimientos tan revolucionarios, recuerda —una vez vuelto al orden— el relativo fracaso del intento:

> En el primer impulso abolimos —¡oh definitiva palabra!— los signos de puntuación: abolición del todo inservible, porque uno de los nuestros los sustituyó con las 'pausas', que a despecho de constituir (en la venturosa teoría) «un valor nuevo ya incorporado para siempre a las letras», no pasaron (en la práctica lamentable) de grandes espacios en blanco, que remedaban toscamente a los signos.

La novela contemporánea también ha echado mano del recurso de prescindir por completo de la puntuación: es una forma de traducir en texto el flujo de pensamientos en la mente, y en 1921 James Joyce lo utilizó magistralmente para el último capítulo de *Ulysses:* el soliloquio de Molly Bloom. Entre nosotros ha utilizado este recurso C. J. Cela en su novela *Oficio de tinieblas 5* (1973), que prescinde de casi toda la puntuación, aunque divide el texto con numerosos espacios en blanco.

Fuera del terreno literario encontramos también muchos casos. Los elementos de las listas pueden tener puntuación al final (como hemos visto en el capítulo 2), o signos al principio (capítulo 19), pero también se presentan sin ningún tipo de marcas, como este menú de un famoso restaurante:

> Whisky sauer de pasión
> Sésamo garrapiñado
> Cuchara de chicharrones
> Crujiente andaluz
> Crujiente de gambas

Los carteles públicos carecen normalmente de puntuación, incluso los que —como en el ejemplo inmediato— tienen una cierta complejidad:

> DISCULPEN LAS MOLESTIAS
> ZONA PEATONAL
> ESTADIO SANTIAGO BERNABEU
> CANCELADA POR OBRAS
> POR FAVOR UTILICEN ACERA CONTRARIA
> GRACIAS

Lo mismo ocurre con muchas pintadas:

BUSCA COMPARA PERO NO VOTES

Y por supuesto, los textos informales y escritos con descuido pueden carecer por completo de cualquier signo, y más si han sido escritos con ira, como este caso manuscrito de un portal barcelonés:

> Como habéis podido comprobar hay una sabandija mamarracha rastrera y babosa hija de mala madre que se dedica a robar las plantas que voy poniendo porque según parece se debe estar haciendo un jardín nuevo a nuestra costa.

Sabemos que uno de los fines de la puntuación es eliminar ambigüedades. Este viejo enigma saca partido de la ausencia de signos para abrir el abanico de las posibles interpretaciones de la carta que un joven envió a tres enamoradas:

> Tres bellas que bellas son
> me han exigido las tres
> que diga de ellas cuál es
> la que ama mi corazón
> si obedecer es razón
> digo que amo a Soledad
> no a Julia cuya bondad
> persona humana no tiene
> no aspira mi amor a Irene
> que no es poca su beldad

Soledad, como es lógico, hizo esta interpretación:

> Tres bellas, que bellas son,
> me han exigido, las tres,
> que diga de ellas cuál es
> la que ama mi corazón.
> Si obedecer es razón,
> digo que amo a Soledad.
> No a Julia, cuya bondad
> persona humana no tiene.
> No aspira mi amor a Irene,
> que no es poca su beldad.

Y el lector puede deducir con poco esfuerzo (o mirar en la página web de este libro) la interpretación de las otras dos. Pero el galán envió la siguiente lectura que las rechazaba a todas:

> Tres bellas, que bellas son,
> me han exigido, las tres,
> que diga de ellas cuál es
> la que ama mi corazón.
> Si obedecer es razón,
> digo que ¿amo a Soledad?
> No. ¿A Julia, cuya bondad
> persona humana no tiene?
> No. ¿Aspira mi amor a Irene?
> ¿Qué? ¡No!, es poca su beldad.

21

LOS PUNTOS SIN TEXTO

Tanto la admiración como la interrogación pueden encontrarse funcionando autónomamente (aunque siempre entre paréntesis), como hace aquí Unamuno para reflejar el escándalo:

> Desde hace algún tiempo verbenean, que es una desolación, los libros escritos en el extranjero, en la «docta» (!!!) Europa, sobre nuestra España. Unos son impresiones de viaje, otros estudios sociológicos —y éstos los más terribles, porque nada hay tan desecante como ese galimatías de vulgaridades a que se da el pomposo nombre de ciencia (!!!) sociológica— y otros, en fin, novelas y poemas.

(Se podría prescindir perfectamente de las comas que enmarcan «que es una desolación»).
La admiración y la interrogación son los únicos signos que pueden funcionar aislados (no en vano no son estrictamente de puntuación, sino de entonación), aunque siempre entre paréntesis: *(!)* significa 'Me admiro (o asombro, o escandalizo...)'. *(?)* equivale a 'Me pregun-

to, dudo...'. Veamos un fragmento de una novela de Ernesto Sábato:

> Existen en la sociedad *estratos horizontales,* formados por las personas de gustos semejantes, y en esos estratos los encuentros casuales (?) no son raros.

Aquí la interrogación pone en cuestión al adjetivo: «¿Hay acontecimientos realmente casuales?».
Y si en español las interrogaciones y admiraciones se abren y se cierran, ¿no sería tal vez más correcto esta forma de insertar una opinión, que sacamos precisamente de un manifiesto ortográfico?:

> [...] no vamos a hacer demasiado caso de la lamentación tópica de que nuestro idioma necesitaría muchos otros signos de puntuación, que habría que inventar estos o los otros... Bien: puede ser. Pero no resulta urgente ocuparse de petición tan justa teóricamente cuando de los signos de que disponemos apenas sacamos provecho (¿?).

Un eco de estos usos se encuentra en la notación ajedrecística (esa especie de partituras que permiten reproducir la belleza y las tensiones de una partida celebrada hace décadas), que ha consagrado los siguientes comentarios sintéticos:

(?) jugada mala
(!) jugada buena
(!?) jugada interesante, aunque quizá no la mejor posible
(?!) jugada dudosa

Hay ocasiones en que los signos de la escritura se usan por su valor gráfico, sin tener en cuenta su función. En los *emoticonos* (fusión de las palabras inglesas para *emoción* e *icono*), que se empezaron a utilizar hace años en el correo electrónico, los signos se combinan para componer un dibujo. Pueden apreciarse girando la cabeza hacia la izquierda: una cara sonriente, una triste y otra que guiña un ojo:

:-) :-(;-)

Su uso es curiosamente muy parecido al de las inserciones de admiración o interrogación entre paréntesis. La diferencia es que los emoticonos permiten expresar matices que no recogen esos signos. Veamos estos fragmentos de correos electrónicos:

```
Ya veo que estás trabajando el domingo, como
todos los pringados :-).

Lo que me has mandado no sirve :-( . Trata
de reducirlo a dos páginas.
```

El primer caso equivale a insertar un 'bromeo', y el segundo es un 'lo siento' o un '¡qué mal!'.

Los cómics también hacen uso de la forma de los signos para expresar enfado, sustituir un taco, etc. Por ejemplo:

*#!!

(A veces se mezclan con otros elementos directamente figurativos, como calaveras, cruces gamadas, etc.). Fijémonos en que los signos que se usan para este fin son los que insinúan estallidos —el asterisco—, los que presentan protuberancias —como el #, o sostenido—, y siempre suelen acompañarse de las admiraciones, que redondean el énfasis.

22

(LA SELVA DE LOS SIGNOS)

(Este capítulo puede ser útil al lector especialmente cuidadoso, pero quizá dé dolor de cabeza a un usuario normal de la puntuación, que debería saltárselo y dirigirse directamente a la conclusión. En cuanto al lector curioso... Bueno: ¿quién pone límites a un lector curioso?).
En la novela de Orwell *1984* el protagonista tiene un trabajo repugnante:

> En ocasiones, quizás dos veces por semana, iba a una oficina polvorienta y olvidada en el Ministerio de la Verdad y hacía un poco de trabajo... o lo que se llamaba trabajo. Le habían asignado a un subcomité de un subcomité que había brotado de uno de los innumerables comités que se ocupaban de dificultades menores que surgían en la compilación de la undécima edición del *Diccionario de neolengua*. Trabajaban en la producción de algo llamado «Informe Transitorio», pero nunca había acabado de averiguar sobre qué estaban informando. Era algo que tenía que ver con la pregunta de si las comas se deberían colocar dentro o fuera de los paréntesis.

Este detalle puede ilustrar muy bien qué valor o importancia se otorga habitualmente a las particularidades de la puntuación: una minucia detestable de la que sólo se ocupa gente a la que se quiere torturar. Y sin embargo, el cuidado aun en los pequeños matices de los signos es algo que favorece la belleza y la comprensión de un escrito.

La verdad es que los avatares de la frase pueden llevar a que entren en contacto numerosos signos. Las principales acumulaciones provienen del encuentro de paréntesis o comillas con admiraciones o interrogaciones, salpicadas de otros signos de puntuación. Retomemos el ejemplo final del capítulo 14:

> La línea precedente dice así: «La frase anterior dice: "Se despidió diciendo: '¡Adiós!'"».

En este párrafo han coincidido un cierre de admiración, otro de comillas simples, otro de comillas dobles, otro de comillas latinas y un punto: ¡cinco signos en contacto! ¿Algún problema?
La verdad es que no: el orden de cierre de las comillas es el opuesto al de su apertura, y ya sabemos que éste es: latinas, dobles, simples. Por otra parte, las admiraciones formaban parte de la expresión citada al más bajo nivel («Adiós»), de la que no pueden separarse. Y el punto cierra cualquier frase.

Pero esta última afirmación mía puede no estar totalmente asumida por todos. Hay una cuestión sobre la que se pueden encontrar dos «escuelas» diferentes, y es ésta: ¿el punto pertenece a una oración completa que aparece entrecomillada —o entre paréntesis— o no? Veamos cómo he resuelto estas oraciones en el capítulo 6 (destaco los signos que están en cuestión):

> (Si uno quiere meter directamente una raya desde el teclado, puede hacerlo con Ctrl+Alt+guión del teclado numérico). En vez de las rayas tampoco queda mal [...]

Hay quienes piensan que el punto y seguido (y si fuera punto y aparte sería igual) debería estar *dentro* del paréntesis, porque «pertenece» a la oración. Ellos puntuarían así:

> (Si uno quiere meter directamente una raya desde el teclado, puede hacerlo con Ctrl+Alt+guión del teclado numérico.) En vez de las rayas tampoco queda mal [...]

Del mismo modo, si (como ha ocurrido en el paréntesis inicial de este capítulo), la frase interior termina en signo de interrogación, los partidarios de la primera opción hacen lo que yo he hecho:

> ([...]... Bueno: ¿quién pone límites a un lector curioso?).

Mientras que los partidarios de la «puntuación intrínseca» lo harían así:

> ([...]... Bueno: ¿quién pone límites a un lector curioso?)

¿Y cómo combinar la suspensión con la admiración o la interrogación? Afortunadamente, no parece ser un tema sujeto a debate. Un manual tipográfico de hace más de medio siglo acudirá en nuestra ayuda:

Cuando los puntos suspensivos van detrás de una frase interrogativa o admirativa, se pondrán detrás del signo final de interrogación o admiración si la frase estuviera completa, y se pondrán delante si la frase quedara truncada.
Ejemplos:
¿Le diré que ha muerto su padre?... No tengo valor
¿Pues no decías tú que...? ¡Me has engañado!

Veamos ahora otro caso que plantea dudas: ¿qué ocurre cuando un pensamiento recogido mediante comillas contiene en su interior un inciso del narrador? Hay dos formas de resolver esto: la forma más tradicional en nuestra tipografía es que, aun dentro de las comillas, el inciso vaya entre rayas, como en este cuento de Antonio Skármeta:

«Ya está —se dijo—. Le pasé el zapato roto, mi puta suerte. Ahora estará pensando que soy un vago [...]»

La otra forma es separar también el inciso mediante comillas. Para ello hay que entrecomillar la primera parte del pensamiento, introducir el inciso con la correspondiente puntuación antes y después, y a continuación poner entre comillas la segunda parte del pensamiento. He aquí un fragmento de una novela puntuado según este segundo sistema (aunque para mí la coma de la segunda parte debería ser punto y coma, o dos puntos):

«Por suerte», pensó, «evitaré conversar con ellos, no tendré necesidad de fingir que todo está bien.»

¿Qué forma es la mejor? La Academia y algún especialista votan por las rayas. Pero en la segunda forma la raya (tanto al comienzo como en los incisos) identifica los diálogos, y las comillas (también al comienzo y en los incisos) marcan las reflexiones.

En cualquier caso, una norma que jamás debería olvidarse es mantener de manera uniforme la decisión tomada a lo largo de todo el texto.

¿Quién tiene «la razón» en cualquiera de estas cuestiones? El autor de este libro habrá fracasado si llegados a este punto el lector piensa que hay algún texto normativo o instancia superior que resuelva cuestiones como ésta. No la hay, y ésa es una de las glorias y de las tragedias de la puntuación.

CONCLUSIÓN

¿Para qué sirve la puntuación? Para introducir descansos en el habla (pero no se descansa en cada signo, y se puede descansar donde no hay signos), para deshacer ambigüedades (pero no todas pueden eliminarse mediante la puntuación, ni éste es el único modo de hacerlo), para hacer patente la estructura sintáctica de la oración (pero esto se hace también por otros medios), para marcar el ritmo y la melodía de la frase (aunque no todos los signos tienen estos efectos), para distinguir sentidos o usos especiales de ciertas palabras (pero para eso se pueden usar también tipos de letra, como la cursiva), para citar palabras de otro separándolas de las propias (pero eso se logra también con tamaños de letra y sangrados), para transmitir estados de ánimo o posturas ante lo que se dice o escribe (pero no todos tienen un correlato en la puntuación, ni éste es único), para señalar la arquitectura del texto (pero eso también lo hacen los blancos, y las mayúsculas).

Éste es el espacio de la puntuación: un espacio con muchas funciones, que sus signos cubren sólo parcialmente, y que no sólo se cubren con sus signos. Pero es un espacio insustituible...

Puntuar bien es un arte, un reto: una necesidad. Su dificultad más grande proviene de que exige un desdoblamiento: el que puntúa debe ponerse en el lugar del que va a leer, sin abandonar el lugar del que está escribiendo. Y tener en cuenta al otro (que horas o décadas después vendrá sobre nuestro texto) siempre supone un esfuerzo...

¿Entenderá mi lector lo que digo? ¿Soy equívoco o ambiguo? ¿Separo bien lo que digo yo de lo que dicen otros? ¿Transmito adecuadamente los estados de ánimo que quiero indicar? ¿Marco como tal una información complementaria, no esencial? ¿Señalo claramente a qué elementos de una enumeración me estoy refiriendo? Cuando uso una palabra en un sentido que no es el habitual, ¿lo doy a entender bien? ¿Señalo mis enunciados incompletos como tales? ¿Me adelanto a una posible mala interpretación? Y también: ¿estropeo lo que quiero decir por exceso de signos, de intromisiones? Éstas son algunas de las preguntas que se plantea (aun sin saberlo) la persona que puntúa. Y a todas ellas debe dar respuesta con estos pequeños signos...

Este libro habrá cumplido su cometido si ha sembrado en la mente de sus lectores la imagen de la puntuación como un sistema increíblemente dinámico, tanto en su historia como en su aplicación, y la idea de que quienes escriben hoy español tienen a su disposición no un procedimiento cerrado, sino un abanico de recursos donde encajar una gama aún mayor de matices de la sintaxis y de la expresión. He querido invitar a hacer uso de este abanico de la forma más rica y creativa posible...

En la *coma* palpita aún la retórica griega donde nació su nombre, el *rasguillo curvo* con que se inscribió en los manuscritos, la forma que le imprimió Aldo Manuzio en la imprenta, y siglos de prácticas editoriales, normas académicas, textos escolares y libros de estilo que intentan guiar en su uso. Que en el momento de empuñar el bolígrafo o golpear una tecla para escribir un signo de puntuación el lector se sienta al tiempo inmerso en una tradición de siglos, y libre para dar expresión a sus ideas: uno no puntúa para dar gusto a los especialistas, sino para comunicarse con sus semejantes.

Si además el lector es capaz de detenerse y ver con nuevos ojos viejas páginas de libros o novedosos textos en pantalla *saboreando* hasta los más minúsculos de sus componentes y espacios, mi placer habrá sido completo.

BIBLIOGRAFÍA ESENCIAL

El mejor compendio que conozco sobre el tema es de José Martínez de Sousa, *Ortografía y ortotipografía del español actual*, Gijón, Ediciones Trea, 2004. Sin embargo, por su minuciosidad y profundidad, está más bien dirigido al especialista.

Con una perspectiva más gramatical, es muy recomendable: José Antonio Benito Lobo, *La puntuación, usos y funciones*, Madrid, Edinumen, 1992.

La Real Academia Española incluyó en su *Ortografía de la lengua española* (edición revisada por las Academias de la Lengua Española, Madrid, Espasa, 1999), y como había venido haciendo desde el siglo XVIII, normas para la puntuación. Muchas de ellas se han corregido y completado en la siguiente obra: Real Academia Española, *Diccionario panhispánico de dudas*: http://www.rae.es/recursos/diccionarios/dpd. Es la versión del 2005, que está adaptándose a la *Nueva gramática de la lengua española* (2009) y a la *Ortografía de la lengua española* (2010). Conviene entrar por «Puntuación» http://lema.rae.es/pd/?

key=puntuacion o ir a los "Artículos temáticos" (http://www.rae.es/diccionario-panhispanico-de-dudas/articulos-tematicos.

Muchos libros de estilo y obras sobre ortografía tienen capítulos dedicados a la puntuación. Por dar sólo tres ejemplos: Arturo Ramoneda, *Manual de estilo. Guía práctica para escribir mejor*, Madrid, Alianza Editorial, 1999; Alex Grijelmo, *El estilo del periodista*, Madrid, Taurus, 1997 y Leonardo Gómez Torrego, *Ortografía de uso del español actual*, Madrid, SM, 2000.

Un estudio fascinante sobre la adquisición de la puntuación (y otros aspectos relacionados con la escritura) en los niños es: Emilia Ferreiro *et al.*, *Caperucita Roja aprende a escribir. Estudios psicolingüísticos comparativos en tres lenguas*, Barcelona, Gedisa, 2ª edición, 1998.

Un texto apasionado y polémico es el de José Polo, *Manifiesto ortográfico de la lengua española*, Madrid, Visor Libros, 1990.

Los interesados en la historia de nuestra puntuación verán muy útil este artículo: Ramón Santiago, «Apuntes para la historia de la puntuación en los siglos XVI y XVII», en José Manuel Blecua, Juan Gutiérrez y Lidia Sala (eds.), *Estudios de grafemática en el dominio hispano*, Ediciones de la Universidad de Salamanca/Instituto Caro y Cuervo, 1998.

Sobre el mismo tema se puede consultar: Fidel Sebastián Mediavilla, *La puntuación en los siglos XVI y XVII*, Bellaterra, Universitat Autònoma de Barcelona, Servei de Publicacions, 2002.

Pero para escribir este libro se han consultado más de un centenar de referencias bibliográficas y se han extraído ejemplos de casi doscientas fuentes. La bibliografía utilizada, la fuente de los ejemplos y otras muchas cosas pueden encontrarse en el sitio web complementario: http://jamillan.com/perdonimposible/.

Y con mucho gusto recibiré cualquier sugerencia, comunicación o corrección en la siguiente dirección: portada@jamillan.com.

AGRADECIMIENTOS

Manuel Bonsoms me enseñó hace muchos años en Ediciones Cátedra gran parte de lo que sé sobre este tema. Los libros de José Martínez de Sousa, y las charlas con él, me han aportado mucho. Pero en mi práctica (que empezó hace treinta años en Editorial Fundamentos) y en mis estudios me he ido también forjando mis propias opiniones.

Patricia Schjaer, de RBA Libros, me invitó a escribir esta obra (y una vez acabada la trató con todo cuidado). El encargo nunca habría sido posible sin el éxito de *Eats, Shoots & Leaves*, de Lynne Truss: la singular confluencia de un best seller y del tema de la puntuación.

Juan Blanco Valdés, José Manuel Blecua, Pedro Cátedra, Mariano Esteban, Juan Igartua, Alfredo Landman, Mercedes Molleda, José Moreno, Marcos Ordóñez, José Antonio Sánchez Paso, Ana Rodríguez, Ramón Santiago, Manuel Seco y Francisco Yus me han proporcionado bibliografía y acceso a textos a los que de otra forma me habría sido muy difícil llegar. En este capítulo tengo que destacar el apoyo que me viene prestando desde hace años la Facultad de Letras de la Universitat de Girona y que agradezco en las personas de Francesc Eiximenis (†), Jorge García López y sobre todo de Xavier Renedo.

Paquita Ciller, Beatriz Coll, Carmina y Pepe García Pleyan, Manuel Imaz, Eduardo Mendoza, Inés Miret, Viviana Narotzky, José Antonio Pascual, Jorge Serrano Cobos, Emili Teixidó y Beatriz Vera me han ayudado de muy diversas maneras.

Montserrat Millán y Luis Íñigo Madrigal se han leído distintos estadios del manuscrito, y sus sugerencias me han ayudado mucho.

Sin la existencia de textos accesibles por línea, y las herramientas que permiten trabajar con ellos, mi trabajo habría sido muchísimo más difícil (y, en algunos aspectos, imposible)... A pesar de que sus búsquedas no indizan signos de puntuación, he hecho un uso extenso de Google y de los corpus de la Academia CORDE y CREA. La Biblioteca Virtual Miguel de Cervantes ha permitido que yo (y los lectores que lo deseen) accedamos a facsímiles o a textos electrónicos de todo tipo de obras. Es un placer trabajar en una época que facilita estas cosas...

ÍNDICE DE CONCEPTOS
Y DE LOS PRINCIPALES NOMBRES PROPIOS

abreviatura: 66-7, 135
Academia, Real: 9, 28, 48, 70, 74, 90, 139, 168
admiración (*véase* exclamación)
ambigüedades: 20, 37-8, 146-7
aposición: 53
apóstrofo: 129-32
  en el plural de las siglas: 132
  en números: 133, 134
  en otras lenguas: 131-2
  historia: 131
asterisco: 137-9, 151-2
  formas: 137
  historia: 137-8
  para anonimato: 138
  signo de inaceptabilidad: 138-9
  uso expresivo: 151-2
ausencia de puntuación: 23-6, 114, 143-7
  en carteles: 145-6
  recurso estilístico: 114, 143-5

barra: 67, 139-40
  alternancia con guión: 140
  historia: 139

uso como coma: 139
Biblia: 34, 69, 71, 114-5
bolo o boliche: 39, 141
Borges, Jorge Luis: 22, 42, 45-7, 51-2, 144

calderón: 72-3
Carlomagno, reforma de: 27, 91
Cervantes, Miguel de: 73-4, 83-8
coma: 11, 29-42, 48, 53-4, 55-6, 65, 94, 121, 123, 133-4
  alternancia con dos puntos: 51, 131
  alternancia con punto y coma: 44-7
  alternancia con paréntesis: 53-4
  ante *y*: 31, 84, 131
  como unión: 29-30
  encuentro con otros signos: 55-6
  espacio: 38-9, 133
  frases hechas: 32-3, 74
  historia: 29, 50, 58, 115, 140
  para suplir a un verbo: 36

y curva melódica: 21
comillas: 105-19, 153-7
  de seguir: 115-6
  en citas: 113-9
  en rótulos: 108-10
  encuentro con otros signos:
    154-5
  espacio: 55, 105
  historia: 86-7, 108, 109
  inglesas: 105
  jerarquía: 118-9, 154
  latinas: 105
  pensamiento, para reflejar el:
    108
  pronunciación: 110-1, 118
  sencillas: 105, 109
corchetes: 139
cursiva: 108, 109, 114, 138

diálogo: 57-8, 70, 86-7, 108, 116, 124
dos puntos: 49-52, 64, 131, 134, 135
  alternancia con coma: 51, 131
  alternancia con punto y coma: 44, 51-2
  ante cita: 49
  en cartas: 52
  en recapitulación: 51
  espacio: 38-9, 51
  historia: 49-50, 63, 64
  uso literario: 50-1
emociones y matices transmitidos:
  alarma: 100
  alegría: 98
  admiración: 100
  duda: 91
  compasión: 97
  conmiseración: 22
  emoción: 80-1
  exclamación: 97
  extrañeza: 96
  incredulidad: 96
  indecisión: 22
  insulto: 99
  interrogación: 89-96
  interrogación retórica: 90-1
  ironía: 106-7
  orden: 99
  pasión: 80-1
  pausa teatral: 79
  pudor: 79-80
  recochineo: 22, 128
  reticencia: 80
  súplica: 99
  susto: 103
  susurro: 101
  temor: 79-80
  ternura: 22
  vacilación: 80
  vehemencia: 98
emoticonos: 151
Erasmo de Rotterdam: 42
escasez de recursos tipográficos: 57, 106, 110, 115, 138, 141
escritura continua: 23-6
espacio en blanco
  a fin de línea: 69, 70-1, 140
  a principio de línea (*véase* sangrado)
  en márgenes: 27
  en poesía: 140, 144
  entre líneas: 69, 71-2, 145
  entre palabras: 23-7, 63, 65
  tras punto final: 73
  y signos (*véase* «espacio» en la entrada de cada uno)
exclamación: 97-103, 124, 135-6, 149-50, 151-2, 154-6
  autónoma: 149-50
  combinada con la interrogación: 81, 102-3, 150
  encuentro con otros signos: 154-6

espacio: 55
historia: 64, 87, 98, 100, 102
insertada en una frase: 101-2
repetida: 98-100

géneros o soportes de los ejemplos
ajedrez: 150
bíblico: 34
cartel: 66, 109, 131-2, 145, 146
científico-técnico: 38, 44, 55, 59, 60, 94, 107, 109, 113, 116, 126, 127, 139
cómic: 151
crónica taurina: 57
email: 37, 115, 138, 151
ensayístico: 31, 40, 48, 61, 93, 107, 140, 149, 150
epistolar: 38, 58
filosófico: 51, 61
histórico: 36
humorístico: 125, 130
interfaz de pantalla: 109
legal: 30, 39-40
médico: 49, 78
memorias: 29, 32, 51, 80
narrativo: 29, 43, 44, 45, 47, 49, 52, 58, 60, 64, 65, 70, 73, 77, 83-8, 89, 94, 98, 99, 101, 103, 108, 114, 121-4, 127, 128, 138, 150, 156
panfleto: 100
periodístico: 33, 34, 50, 53, 56, 74, 75, 79, 102, 111, 131
pintada: 146
poético: 54, 78, 100, 101, 131, 138, 143
popular: 71, 89, 97, 130
gastronómico: 39, 47, 141, 145

teatral: 50, 81
web: 30, 38, 79, 82, 96, 100, 140
guión: 57, 125-8, 136, 140
alternancia con barra: 140
de partición de palabra: 125-6
historia: 126
en compuestos: 126-8

imprenta o editorial, mediación de la: 13, 27-8, 41-2, 47, 65-6, 83-8
inglés, influencia del: 52, 56, 108, 118, 131-2
interjección: 98
interrobang: 103
interrogación: 64, 87, 89-96, 102-3, 136, 149-50, 154-6
autónoma: 149-50
combinada con la exclamación: 81, 102-3, 150
encuentro con otros signos: 154-6
espacio: 55
historia: 64, 87, 89-92, 102
insertada en una frase: 93-4
repetida: 96
tras adversativa: 94
interrogación retórica: 90-1

lectura en voz alta
como ayuda para la puntuación: 35-6, 37, 94, 95
historia: 23-6, 87
lógica, en el texto: 22, 25, 40, 60

Manuzio, Aldo: 27-8, 42, 43
Martínez de Sousa, José: 22
mayúscula: 25, 27, 28, 40, 64, 65, 81-2, 99, 115, 127, 144

menos: 57, 125
metido: 113-4, 116, 118
Moliner, María: 35, 40, 41
música
   del habla: 21, 22, 56, 79
   notación de la: 25-6, 75, 91

oración, longitud de la: 64-5

paréntesis: 53-61, 135, 149-50, 154-5
   en números: 135
   encuentro con otros signos: 149-50, 154-5
   espacio: 55
   frases hechas: 61
   historia: 54
   y curva melódica: 56
pausa
   de puntuación y no fonética: 32, 35
   de respiración: 19-20, 32
   fonética no reflejada por la puntuación: 32, 35
   fonética y de puntuación: 26, 36, 37, 50, 54, 63, 79, 110, 118, 144
pleca: 21, 140
punto
   en números: 133, 134, 135
   encuentro con otros signos: 154-5
   espacio: 38-9
   formas: 75
   frases hechas: 74-5
   historia: 63-4
punto acápite: 64
punto final: 73-4
punto y aparte: 69-75
   alternancia con el punto y seguido: 70
punto y coma: 43-8, 122, 123
   alternancia con los dos

puntos: 44, 51-2
   en listas: 39
   espacio: 38-9
   historia: 43, 63, 64
punto y seguido: 64-6
   alternancia con el punto y coma: 36, 44
   alternancia con el punto y aparte: 70
   espacio: 38-9, 65
puntos suspensivos: 77-82, 94
   con interrogación y exclamación: 155-6
   espacio detrás: 38-9
   historia: 77, 80-2
puntuación: 1-176
   carece de reglas fijas: 13
   como abanico de recursos: 160
   como *bricolage*: 23
   como proceso: 45
   economía en: 58, 114, 116
   excesiva: 30-1, 40-1

raya de diálogo: 57-8
   ausencia de: 58, 81, 86
rayas parentéticas: 56-9, 93
   espacios: 55
   inciso en comillas: 156-7
   sin cierre: 58
relativo, oraciones de: 54
ritmo: 21, 64-5, 71

Sánchez Ferlosio, Rafael: 48, 93, 98, 102-3, 116-7, 128
sangrado: 71
siglas: 127, 132

tecnologías, mediación de las nuevas —: 13-4, 57, 72, 73, 92, 103, 105-6, 110, 115, 140
topo (*véase* bolo)

vocativo: 53-4, 94

En este libro se han utilizado
(en números redondos):

1 800 comas,
100 signos de punto y coma,
550 signos de dos puntos,
360 paréntesis de apertura y otros tantos de cierre,
16 rayas de inicio de diálogo y 250 de otros tipos,
600 puntos y seguido y 20 de abreviatura,
350 puntos y aparte,
200 puntos suspensivos de diversa extensión,
140 cierres de interrogación,
130 cierres de exclamación,
y en ambos casos algunas aperturas menos
(por los usos autónomos y los ejemplos extranjeros),
230 comillas latinas de apertura
y alguna más de cierre (por las comillas «de seguir»),
30 comillas dobles de apertura y otras tantas de cierre,
50 comillas simples de apertura y otras tantas de cierre,
800 guiones,
15 apóstrofos,
15 asteriscos,
35 barras,
80 corchetes de apertura y otros tantos de cierre,
13 bolos, boliches o topos,
180 citas literales sangradas,
80 espacios en blanco en interior de capítulo,
30 000 espacios entre signos
y un punto final.
En total 150 000 caracteres,
entre letras, números
y signos de puntuación.

Todos ellos
(menos los espacios en blanco)
se acabaron de imprimir en Barcelona,
el día 5 de enero de 2015
festividad de San Simeón Estilita.